新概念阅读书坊

BUKE-SIYI DE SHIJIE SHENMI QI'AN

不可思议的

世界神秘奇案

主编◎崔钟雷

JM 吉林美术出版社

图书在版编目（CIP）数据

不可思议的世界神秘奇案 / 崔钟雷主编 .—长春：吉林美术出版社，2011. 2（2023. 6 重印）

（新概念阅读书坊）

ISBN 978-7-5386-5239-0

Ⅰ . ①不…　Ⅱ . ①崔…　Ⅲ . ①科学知识 - 青少年读物　Ⅳ . ① Z228. 2

中国版本图书馆 CIP 数据核字（2011）第 015244 号

不可思议的世界神秘奇案

BUKE-SIYI DE SHIJIE SHENMI QI'AN

出 版 人　华　鹏
策　　划　钟　雷
主　　编　崔钟雷
副 主 编　刘志远　杨　楠　于　佳
责任编辑　栾　云
开　　本　700mm × 1000mm　1/16
印　　张　10
字　　数　120 千字
版　　次　2011 年 2 月第 1 版
印　　次　2023 年 6 月第 4 次印刷
出版发行　吉林美术出版社
地　　址　长春市净月开发区福祉大路 5788 号
　　　　　邮编：130118
网　　址　www. jlmspress. com
印　　刷　北京一鑫印务有限责任公司
书　　号　ISBN 978-7-5386-5239-0
定　　价　39. 80 元

前　言

书，是那寒冷冬日里一缕温暖的阳光；书，是那炎热夏日里一缕凉爽的清风；书，又是那醇美的香茗，令人回味无穷；书，还是那神圣的阶梯，引领人们不断攀登知识之巅；读一本好书，犹如畅饮琼浆玉露，沁人心脾；又如倾听天籁，余音绕梁。

从生机盎然的动植物王国到浩瀚广阔的宇宙空间，从人类古文明的起源探究到21世纪科技腾飞的信息化时代，人类五千年的发展历程积淀了宝贵的文化精粹。青少年是祖国的未来与希望，也是最需要接受全面的知识培养和熏陶的群体。“新概念阅读书坊”系列丛书本着这样的理念带领你一步步踏上那求知的阶梯，打开知识宝库的大门，去领略那五彩缤纷、气象万千的知识世界。

本丛书吸收了前人的成果，集百家之长于一身，是真正针对中国青少年儿童的阅读习惯和认知规律而编著的科普类书籍。全面的内容、科学的体例、精美的制作、上千幅精美的图片为中国青少年儿童打造出一所没有围墙的校园。

编　者

目录

地理未解之谜

自然未解之谜

历史未解之谜

人体未解之谜

地理未解之谜

DILI WEI JIE ZHI MI

亚洲的百慕大“龙三角”

在中国台湾省东北部的太平洋上，有一个与百慕大“魔鬼三角”齐名的三角海区，这就是东亚“龙三角”。两片海区近似对称地分布在地球的两侧。“龙三角”大体位于日本东京湾、小笠原群岛、关岛和台湾西部的雅蒲岛之间。

“龙三角”发生的悲剧

日本人把这片海域视为“魔鬼海区”是从1955年开始的。当时，在一个风平浪静的晴日里，该海区却发生了数起百吨以上的大型船只神秘失踪事件。为此，日本政府派出一艘渔业监视船“锡比约丸”号前往调查。岂料，此船在进行了10天毫无结果的海上搜寻后，也突然同陆上导航站失去了联系，此后就不知去向了。迄今为止，这类原因不明的海船失踪事件已屡见不鲜。据日本海上保安厅航行安全科调查，仅1963年—1972年的9年间，共有161艘大小船只在此地区突然失踪！

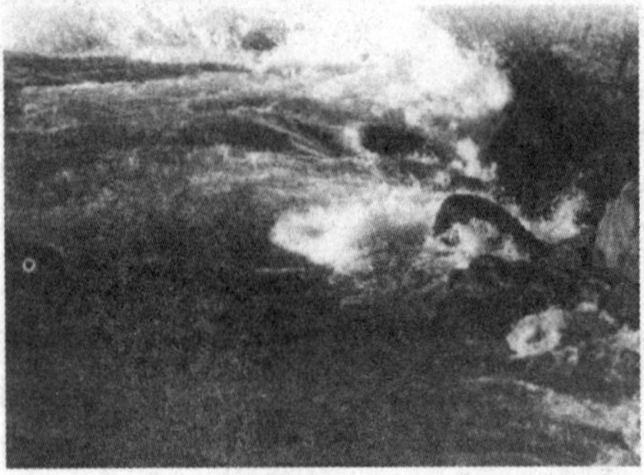

如同百慕大“魔鬼三角”一样，船只和飞机进入“龙三角”水域时，经常会出现罗盘失灵、无线电通信出现故障或中断等现象，也会碰上突然出现的巨浪、海雾、狂风和漩涡等。这里经常出现“三角浪”，即巨浪

同时从三个方向向船只打过来。从海底地貌等自然条件来看，“龙三角”同“魔鬼三角”这两处海区相差无几。也许它们也都同样隐匿着未知的神秘力量，使众多船舰及飞机相继失踪。

在“龙三角”上空失踪的众多飞机中，有一架 HK－8 日本侦察机。该机在失踪前，飞行员传回的电信内容十分惊人：“天空发生了怪事……天空打开了……”说到这里，电信突然断了。此后，这架飞机就与地面的控制中心失去了联络，机上人员也随之全部失踪。

“龙三角”上空的不明飞行物

1957 年 4 月 19 日，日本轮船“吉川丸”号沿“龙三角”航线由南太平洋归国的途中，船长和水手们突然清楚地看到两个闪着银光、没有机翼、直径十多米长、呈圆盘形的金属飞行物从天而降，一下子钻入了离轮船不远的水中，随后海面上掀起了翻腾的巨浪。

1981 年 4 月，“多喜丸”号航行在日本东海岸外海时，也忽然看见，一个闪着蓝光的圆盘状物体从海中冒出来，掀起一阵大浪，差点把“多喜丸”号打翻。它在空中盘旋着，速度极快，人们无法看清它的外表，只能估计其直径在 200 米左右。当它出现时，船上无线电失灵，仪表的指针也开始疯狂地快速旋转。之后，它重新飞回海中，形成的大浪把“多喜丸”号的外壳打坏了。船长计算了一下时间，来自海中的发光飞行物从出现至隐没共 7 分钟。但是，船长发现船上的时钟奇异地慢了 15 分钟。

更令人不安的事情是带有核武器的潜艇和飞机的失踪。美国著名学者查·伯尔兹指出：“截至目前为止，可能至少有 126 枚核弹头

海底世界

在‘龙三角’神秘失踪。”

伯尔兹甚至为此联想到，是不是“龙三角”海底有一股神秘力量把这些核武器收集起来了呢？

倘若“龙三角”确实存在这股神秘力量的话，那么其力量会由何方而来呢？英国研究者琼·查瓦德曾进行过16年的详细调查，认定南太平洋在1.2万年前存在过一块辽阔的“姆大陆”，“姆”意为“太阳国度”。大陆上的人们创造了灿烂的文化。他们的航海业和建筑业都相当发达，并曾去大洋诸岛传播文明。由于一次巨大的地震和火山喷发，给“姆大陆”带来了毁灭性灾难，文明的创造者们连同他们的故土一同沉入了蓝色海洋的深处。

“姆大陆”曾存在的依据

潜水考古学者的发现已为有关“姆大陆”的说法提供了必要的依据。譬如在密克罗尼西亚群岛中有一个波纳佩岛，岛上的居民世

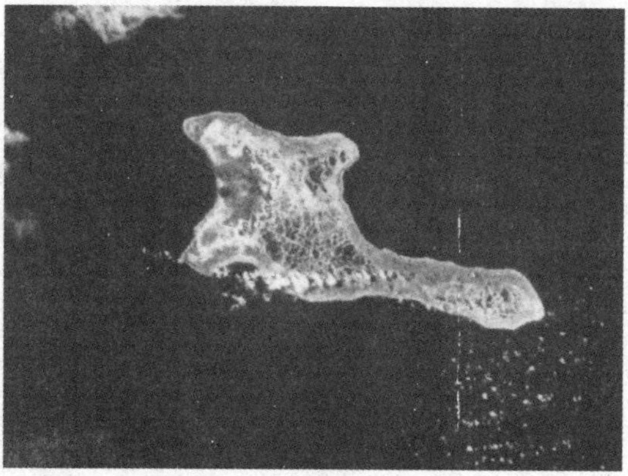

代相传附近海底有一片沉没的古陆。潜水人员果然在附近海底发现了保存得相当完整的街道、石柱、石像和住宅。他们还从当地海底捞出了十分珍贵的黄金和珠宝饰物。

距南美洲3 000千米远的太平洋小岛复活节岛，面积约120平方千米，岛上有巨石筑成的石墙、石殿、金字塔等；最吸引人的则是那200余尊面海屹立、形状奇特的半身石雕人像，它们似乎在等待或遥想着什么。岛上的土著人也口头流传着一个久远的传说：从前当地本是一块被称为“希瓦”的大陆，后来由于地质突变而使大部分地区都沉没于洋底，最后只留下了复活节岛。

值得注意的是，太平洋中的许多岛屿上都留有巨大的石头平台、石头城遗址、石头雕像等，一些地方留下了刚准备使用的巨石或未雕刻完的石像。这些都表明古人富有成果的劳动是突然中止的，复活节岛上就清楚地留有这种迹象。这不能不使学者们猜测：“这一地区曾经存在着一个高度文明的种族，他们在以高超的建筑技巧建成了大规模的城市、雕像与港口后，因为某种我们迄今为止尚不知晓的原因而集体撤离或是集体灭绝了，只留下了壮观的建筑遗迹。”

“姆大陆”上的祖先们会不会因为某种突如其来的灾变而躲避到“龙三角”所在的大洋底部了呢？正如查·伯尔兹在提到核弹头失踪时所大胆猜想的一样——“龙三角”海底是不是隐藏着某种文明？但猜想终归是猜想，真正的谜底人们无从知晓。

奇异的洞穴

在大西洋的一个无名岛上有一个洞口直径长约 300 米的洞穴。过去 20 年来，在深不见底的洞中，人们发现了很多 16 世纪的古董，包括钱币、宝石和盔甲等珍贵的物品。

藏宝奇穴

一些寻宝的人在洞中发现了一块石板，上面刻着“深渊之底埋有宝藏”的字样，他们怀疑洞中宝藏属于一个 16 世纪的英国海盗。

就像埃及金字塔的咒语那样，闯入这个藏宝洞的探险家的安全问题令人担忧。这是不是一个陷阱？进入洞穴的人，会不会无缘无故地死去？那块石板上，竟然会刻着深渊中有宝藏的字样，就更加

奇异的地下洞穴总是充满了许多神秘的未知现象

大西洋无名岛上的奇异洞穴引来了无数寻宝者，他们试图在此找到传说中藏有的大量宝藏

令人怀疑这是否是一个虚假的骗局。世上怎么会有人将珍宝埋在洞中，再在石板上写洞内有宝藏这样奇怪的话，吸引寻宝者去偷呢？谁敢保证洞中藏的就真是金银珠宝，说不定还可能是某种外星生物呢！

变形洞穴

后来，人们又发现另一个奇异的洞穴，它便是中美洲尼加拉瓜圭纳一个小镇的变形洞穴，这个直径 3 米多的奇穴早、午、晚都会自动变形！上午是椭圆形，下午变成不规则长方形，深夜再变成正方形，凌晨又回复椭圆形原状。据当地居民说，这处奇穴从古至今都在不断变形。

对于这种不可思议的现象，科学家认为可以从地质学的角度去解释，但愿科学家能够在不久的将来给我们一个满意的答案。

平顶海山

在太平洋的中部与西部，也就是夏威夷群岛、加罗林群岛、马绍尔群岛和斐济群岛一带的深海底部，有一片奇异的海山，它们的顶部像被截掉一般，都是平坦的，因此被称为“平顶海山”。

海底平顶山

这种海山除太平洋外，大西洋和印度洋中也有，或是孤耸于海底，或是成群出现。平坦的顶部呈圆形或椭圆形，一般直径为几百米到二三十千米不等，顶部离海面最浅为400米，最深可达2 000米，平均水深1 300米，山的顶部如此平坦，究竟是为什么？

一些科学家从平顶海山的顶部发现了圆形的玄武岩块，它们是火山岩的原有形状。因此，有人认为，这些平顶海山可能曾经是海底火山，顶部是火山口，但被火山灰等物质填平了，所以是平顶的形状。还有的学者认为，太平洋的平顶海山处在一片原来隆起的地壳上，致使海山顶部接近海面，被风浪削平。然后，整个地壳下沉，形成现在平顶海山的面貌。但是否存在这个隆起的地壳，却无法证实。

海底山脉分布图

神秘的磁力旋涡地带

美国的俄勒冈州有一个磁力非常非常强的地方，所有去过那里的人，看到眼前令人惊奇的一幕，都会无比震撼。鸟儿一旦飞到那里，就很难移动，经过一阵激烈的挣扎，慌慌张张地向别处逃去。

“俄勒冈旋涡”形成一个很大的圆圈，直径约为 50 米。仪器测定的结果显示，这里有个令人匪夷所思的磁力圈。它以 9 天为一周期，周而复始，沿着圆形轨道移动。

在这个圆圈内，有一栋非常陈旧的小屋。很久以前它曾是一个金矿的办公室，1890 年，人们迁往别处，从那以后这里就一直荒废。这栋房屋看起来有些向东倾斜，而且损毁得非常严重。

进入这个屋子，就会有身处另一个世界的感觉。挺身站在这个屋子中，身体会不由自主地向磁力中心倾斜，倾斜度大约为 10°。小屋的屋梁通过一根坚韧的铁链吊着一个重达 13 千克的铁球，铁球悬

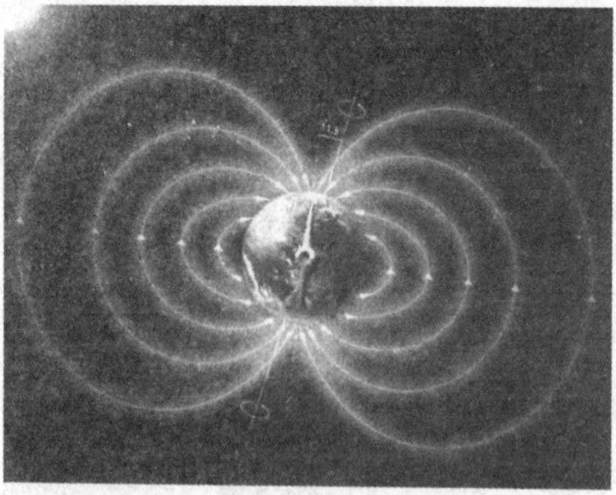

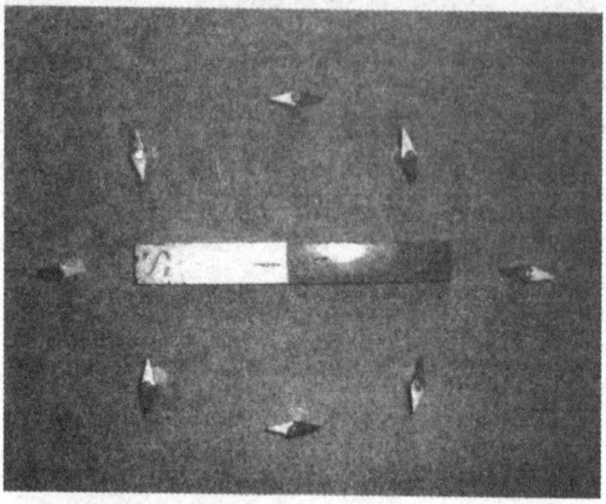

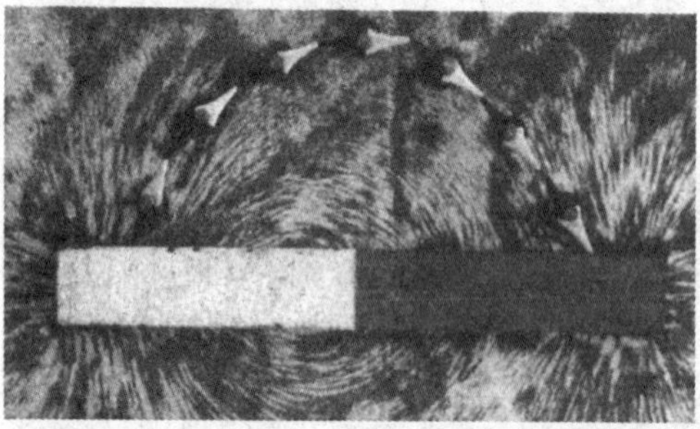

吊的角度，并非竖直，而是歪向旋涡的中心点，这是磁力圈中磁力作用的结果。

在小屋中，将一块木板放在磁力中心的这一边，会发现其位置较高，而放在没有磁力的一边，位置则较低。这时在木板上摆一个空瓶，你会发现空瓶并不会向地势较低的那边滚下，而是滚向地势较高的磁力中心点。倘若把橡皮球放在旋涡磁力圈内，橡皮球便会向磁力中心点滚过去。把纸张撕成碎片后随手散掷于空中，碎片就会被卷进旋涡中，然后落在磁力中心点，这看起来似乎有人在空中搅拌碎纸似的，太不可思议了。这种奇妙的现象，任何人看了都会怀疑自己的眼睛看到的是假象。

然而对于这个旋涡磁力圈的形成原理，至今还没有令人满意的科学解释。但在不远的将来，随着科技的进步，人们最终会解开磁力圈的奥秘。

海底喷泉

茫茫大海中，海水并不都是咸的，在一些小面积的海域里还有一些清甜爽口的淡水，这应该归功于海底喷泉。喷泉是地下水涌出地面而形成的。一般情况下，喷泉只分布在陆地上，但奇怪的是，有些地方的海边、海底也有泉眼，泉水可以从海底喷出来。

咸水中的淡水

俄罗斯的一艘考察船在黑海的海面上发现了一个奇特的喷泉，它被命名为“甘吉亚蒂海泉”。它每秒喷出大约300升的淡水，由于水压高，所以能够直接穿破海面。远远看去，泉水在蓝色的海面上翻滚，就像烧开的水一样。考察队员用芦苇插进泛着白色泡沫的水里吮吸，发现泉水凉爽清甜。

在美国佛罗里达半岛以东，离海岸不远的大西洋里，也有一片海水是可以饮用的，过往的船只常常来这里补充淡水。这片海水直径有30米，颜色、温度、波浪与周围的海水状况不同。这是为什么呢？原来，这里的海底是个小盆地，盆地中间有个喷泉，每日不停地喷出淡水。在水流的影响下，淡水从泉眼斜着升到海面上。根据测量，这个海底喷泉每秒喷出的泉水有4立方米，比陆地上任何一个喷泉的喷水量都要大。因泉水不断喷涌，把周围的海水隔绝开来，久而久之，这片海水就变成了一个纯粹的淡水水域。

石头摄影师

神奇的大自然总是能创造出奇迹。1964 年夏天，意大利电影剧作家特奈利在一个山洞中发现了一块与众不同的怪石，上面有人工雕刻的图案，石头表面被打磨得光亮圆滑。

奇特的石头

在一个风雨交加的夜晚，这块石头的影子在闪电的映照下，投在剧作家住处的墙上，仿佛是一个栩栩如生的远古时代的人像，他的表情惊恐万分，似乎正在面对一只凶残的野兽。

后来，特奈利又在世界各地找到了很多这样的石头。如一块美国石头的投影，是一个戴头盔的人用刀插进一只野兽的肚子；另一块德国石头投影，显现出的是两人拥抱时的情景。

特奈利对它们进行了仔细研究，头脑中形成很多疑问，如这些石头是远古时代洞居人的遗物吗？远古人是怎样把图案雕刻在石头上的？这些图案又代表了什么？而且这些石头为什么能映出图像呢？到目前为止，还没有人能够准确的回答出这些问题。

世界最著名的 7 个恐怖地带

世界之大，无奇不有。有令人心旷神怡的名山胜水，自然也有令人毛骨悚然、畏之如虎的险恶之地。

死亡之洞——印尼爪哇谷洞

印尼爪哇谷洞最为恐怖奇异。此谷中有 6 个大山洞，洞呈喇叭状，都是能吞噬人的陷阱。不用说“误入”谷洞的人性命不保，就是保持较近距离的人也难以幸免。当人或者动物从洞口经过时，会被一种强大的吸力卷入谷洞而丧命。即使离洞口还有 6 米 ~7 米的距离，也会被魔口“吸”进去，一口吞下。

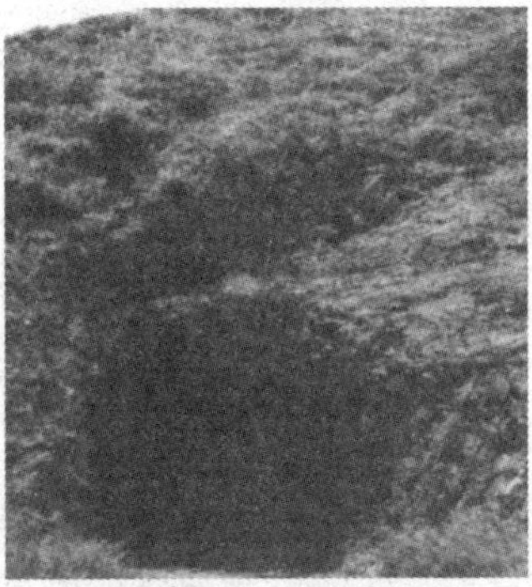

大自然精心斧凿出的景观表面看去美丽迷人，实际上却暗藏杀机

死亡谷位于俄罗斯堪察加半岛上。在这条长 2 000 米，宽 100 米 ~300 米

死亡之洞的恐怖让每一个经过的人敬而远之

美国死人谷吞噬了无数人的生命，人们至今还无法找出其中的答案

的死亡谷中，地势崎岖，怪石嶙峋，狗熊、狼獾和野猪等野生动物尸骸遍布，白骨横陈。误入该地的人类也不能幸免。据推测，谷中积聚着各种毒气。可令人奇怪的是，紧挨此谷的村舍和居民，却不曾受到侵袭。

无脑婴儿产地——巴西库巴唐

巴西热带丛林中有一个令巴西人闻之色变的城市——库巴唐。几十年前，数十个在这个城市里出生的婴儿竟然没有脑子，库巴唐在一夜之间“邪名”远扬。

在库巴唐市内的烟囱，不间断地释放着色彩斑斓的工业废气，市里也弥漫着一股腐臭的气味，不过熟悉库巴唐的人都知道，这几十年来，当地政府已经付出了巨大的努力，摘掉了“地球上污染最严重城市”的帽子。

但是对于环保组织和科学家们来说，库巴唐仍然是一个危险的地区，这里被严重污染的空气、土壤以及水资源悄无声息地吞噬着鲜活的生命。科研人员发现，库巴唐市的居民患各种癌症的概率高得惊人：在库巴唐及毗邻的桑托斯市等地区，膀胱癌患者的比率比其他城市要高6倍；神经系统（包括脑部）的癌症患病率是其他城市的4倍……

人间地狱——美国死人谷

在美国加州与内华达州相连处，有一条特大山谷，长达300千米，窄处宽6千米，阔处有26千米。

1949年春，有一支做黄金梦的勘探队前往该谷，结果有去无回。此后，众多探险者试图揭开死亡谷之谜，后果却与前者一样。

后来，科学家用航空侦察，惊诧地发现，这个人间活地狱竟是动物的乐园。据航空探测统计，在这死人谷里，有珍奇鸟类近300种，野驴约2 000头，蛇类20余种，蜥蜴也有17种。它们或飞，或爬，或跑，或卧，好不逍遥……

“动物的墓场”——意大利死亡谷

意大利那不勒斯和瓦维尔诺附近的死亡谷，专门夺取动物的生命，对人体却毫无伤害，被称为“动物的墓场”。

据科学家们调查，在该谷中发现的各种死于非命的飞禽走兽、大小动物的尸骸已超过4 000只（头），鸟类几十种，爬行类19种，哺乳动物也有十余种。它们的死，不是自相残杀，也非集体自杀，更非人为，是何原因，至今不明。更有意思的是，该谷杀戮禽兽，而对人则没有任何伤害。

无人区——藏北

“无人区”在西藏的西北部，面积广阔，平均海拔高约5 000米。这片土地上除了高山、湖泊、草原和野生动物外，几乎荒无人烟。历史上，曾经有一些人去探险，可是，不是因为饥渴，就是因为迷失方向而死亡，很少有人生还。“无人区”在人们的印象中，是一个荒凉、恐怖的世界。

迷人的巴西热带风光

“无人区”可以说是一个巨大的天然野生动物园。这里的草原很宽广，只是青草生长期短，但更多的还是大片的戈壁。当汽车在没有公路的大地上自由自在地奔驰时，常常可以看到成群的野马和羚羊群，其他如鹿、藏野驴、野牦牛甚至狼、熊等也常常会出现在视野里，然后消失在远方。

“无人区”生存条件很恶劣，这里空气中的含氧量很低，气候变化反复无常，湖泊虽然很多，但都是盐碱水。近些年来，在政府的组织下，一些牧民迁往“无人区”生活，所以“无人区”已经不再无人，但去那里旅行的朋友还是要多加小心，毕竟，这里曾经是人类的“禁区”。

死亡之地——罗布泊

罗布泊曾有过许多名称，有的因它的特点而命名，如坳泽、盐泽、涸海等，有的因它的位置而得名，如蒲昌海、牢兰海、孔雀海等。元代以后，此地被称为罗布淖尔。汉代史书对此地的描述为“广袤三百里，其水亭居，冬夏不增减”，它的丰盈，使人猜测它“潜行地下，南也积石为中国河也”。这种误将罗布泊错认为黄河上源的观点，由先秦至清末，流传了二千多年。到公元4世纪，曾经是“水大波深必汛”的罗布泊西之楼兰古国，到了要用法令限制用水的拮据境地。清代末年，罗布泊水涨时，仅有“东西长八九十里，南北宽二三里或一二里不等”，成了区区一个小湖。1921年，塔里木河改道东流，流经罗布泊，至20世纪50年代，湖的面积又达到了二千多平方千米。20世纪60年代因塔里木河下游断流，使其渐渐干涸，1972年底，罗布泊彻底干涸了。

罗布泊，曾令许多探险者闻之丧胆。20世纪80年代，中国著名考古学家彭加木就在对此地的考察中失踪。

失落的大洲

有关失落的大洲亚特兰蒂斯的传说流传已久。相传那里是一个富裕的地方，有着高度的文明，但最终因激怒海神而被淹没了。千百年来，它是否存在，存在于何时何地，始终是一个未解之谜。

古老的传说

两千多年来，有关亚特兰蒂斯的传说一直吸引着西方世界。希腊哲学家柏拉图曾记述了这块大洲的兴衰，后人耗费了巨大的人力物力进行调查研究，但目前为止尚未有足够的证据证明其的确存在过。柏拉图在公元前4世纪所著的《对话录》中提道："昔日有个比利比亚和小亚细亚加起来还要大的海岛，岛民是海神波塞冬与凡人克莉奥的后代。亚特兰蒂斯位于海克力斯之柱（即今天的直布罗陀海峡）之外，控制着整个地中海地区，势力比埃及和土耳其还要强大。当地自然资源丰富，粮食充裕；高山阻挡了凛冽的北风，草原上有各种动物，包括大象和骏马。这个岛国由十个君王分别管理所在的十个区域，岛民轻视物质而尊崇道德……不奢求黄金财富。他们精于骑术和航海。"

人们称亚特兰蒂斯为失落的大洲。然而亚特兰蒂斯是否存在，这也许是一个永远也解不开的谜团

但后来亚特兰蒂斯人有了野心，对所得的恩赐感到不满足，企图向全世界扩张势力。但是，尚武的雅典人在迎战亚特兰蒂斯人的战斗中取得了胜利。海神波塞冬大怒，在公元前9500年前后，使亚特兰蒂斯沉没于海洋中，岛上的一切全部毁于波涛之中。

不同的观点

柏拉图确信这是事实，而柏拉图的学生亚里士多德却并不这样认为。

首先，已知的最早文明大约是公元前3500年在今天伊拉克地区出现并发展的，而在公元前7000年前，根本就没有人类聚居的证据。更不要说雅典城邦与亚特兰蒂斯会发生战争了，而且欧洲在青铜器时代（约公元前3000年）以前，并没有马匹，但柏拉图经常提到亚特兰蒂斯有马匹。

1992年，德国地质考古学家赞格博士认为，土耳其的特洛伊与柏拉图描述的亚特兰蒂斯最为吻合，它位于一片靠近海峡的平原北面，受强劲北风吹袭，附近还有温泉。而且他认为“海克力斯之柱”这个名字只在公元前500年前后称呼直布罗陀海峡，之前只用于称呼通往黑海的达达尼尔海峡。还有，就是在公元前约1200年，特洛伊部分地区确实曾被洪水淹没过。

难道特洛伊真的是失落的大洲——亚特兰蒂斯吗？这还有待科学家们作进一步的探索与研究

那么，亚特兰蒂斯究竟是否真的存在过？它真的沉没在海底了吗？假设它果真存在，那岛上的人们没有逃出来的吗？逃出来的人们又去了哪里……希望在未来的研究中，人们能揭开这层神秘的面纱。

巨人岛之谜

在一望无际的加勒比海上，有一个奇特的小岛，叫作马提尼克岛。从1948年开始10年左右的时间里，岛上出现了一种令人百思不得其解的奇异现象：岛上生活的成年男女个头都较高，成年男子平均身高达1.90米，成年女子平均身高也超过了1.74米。

长高之谜

在岛上，如果青年男子身高不到1.80米，就会被同伴们说成是“矮子”。更为奇特的是：不仅岛上的土著居民，就算是外来的成年人在岛上居住一段时期后也会很快长高。64岁的法国科学家格莱华博士和他57岁的助手理连博士，在那里只生活了两年，就分别增高了8.25厘米和6.6厘米；40岁的巴西动物学家费利只在那里进行了3个月的考察，离开该岛时已经长高了4厘米；英国旅行家帕克夫人年近60岁，在该岛旅行1个月后也长高了3厘米。因为生活在该岛上的成年人甚至老年人的身材都很高大，因此这个岛被称为“巨人岛”。不仅是人，岛上的动物、植物和昆虫的体形增长也非常迅速。岛上的蚂蚁、苍蝇、甲虫、蜥蜴和蛇等，在这10年间，都比一般同类的尺寸增长了约8倍，特别是该岛的

马提尼克岛

老鼠，居然长得像猫一样大。究竟是什么力量让巨人岛上的生物不断长高呢？

解读巨人岛

为了解开巨人岛之谜，许多科学家不远万里，来到该岛进行长期探测和考察，提出了多种假说和猜测。一些人认为，在1948年，可能有某种飞碟或是其他天外来客坠落在该岛的比利山区，而使该岛生物迅速增长的一种性质不明的辐射光，很可能就是来自埋藏在比利山区地下的飞碟或其他天外来物的残骸。但许多科学家对这种说法持怀疑和否定态度，因为究竟世界上有没有飞碟或其他外星来客，到目前为止仍然是一个无法回答的谜。还有一些科学家认为，该岛蕴藏着某种放射性矿藏——正是这种放射性物质使生物机能发生了奇特变化，因而“催高”了人和动物身体。

巨人岛究竟隐藏着怎样的奥秘？至今仍有待于科学家们做进一步探索。

林木葱郁、生机盎然的巨人岛带给人类惊奇的同时也带给人类诸多困惑

“怪湖”之谜

曾经无数捕鱼者向往的捕鱼天堂——休尔济湖，两年接连发生惨剧，当事人全身发冷、呼吸困难。而且，已有两人在休尔济湖上相继神秘地死去，但无论是当地居民，还是科学家、特工，目前仍未找到他们的死因。

捕鱼天堂忽变人间地狱

事情还要从2001年9月说起。当时，萨福诺夫村有一伙老大爷在湖上捕鱼。他们和往常一样在一个小岛上撒下了网，然后回到岸上等着鱼上钩。他们生起篝火，用烤鱼和烤鹿肉下酒。到了收网的时候，他们划着小船直奔撒网的小岛。关于后来发生的事，当事人费奥多尔·波塔涅夫回忆说：“快要到达小岛的时候，我突然感到浑身无力，手脚发软。我现在都记不得是怎样回来的。”回到岸上之后，3个人全都躺倒在地上，同时体温急剧上升，这完全是中毒的迹

象。他们扔下所有东西，决定无论如何也要往家赶，其中一个叫弗拉基米尔别卢金的在途中便断气了。据医生们的意见，别卢金的死因既不是水，也不是酒、鱼和肉，也就是说排除了食物中毒的可能。2001 年 10 月，有科学家来到休尔济，他们想弄清渔夫的死因。专家们对湖底沉积进行了研究，但未发现任何异常。

2002 年秋天，休尔济湖又发生了一幕惨剧，同前一年死人的事一模一样。这次湖上的人很多，有来自阿尔罕格尔斯克和科米的两伙人在打鱼，科米来的人是坐直升机来的。

还是在去年的老地方，在那个神秘的小岛附近，船上的人感到身体不舒服，两腿、脊柱有一种仿佛被撕扯般的疼痛，他们呼吸困难、浑身发冷。他们急忙往岸边划，其中一个叫韦尼阿明·鲁萨诺夫的渔民在到达一个村庄后，便一命呜呼。医生下的诊断还是："不明物质中毒。"同上次一样，死亡与食物中毒无关。

深入探究

自从这件事以后，专家们决定对此事进行全面深入的研究。专家们对湖中的水和鱼进行检测，但是发现湖水是标准纯净水，鱼也不含有什么有毒物质。那么，人到底是怎么中的毒呢?

休尔济湖是目前俄罗斯水专家关注最多的地方。他们从各方面去研究，企图弄清到底是什么神秘的物质能够使人这样离奇地死去，但至今仍没有确切定论。

死亡公路

大西洋海域中的百慕大三角区，是众所周知的恐怖地带。因为它异常神秘，多次发生飞机、船舶失踪事件，被人们称为“魔鬼三角区”。其实，像这样的地方在地球上不只一处，也并不是都在海洋中，陆地上也同样有让人恐惧的地方。

中国的死亡公路

距离中国兰（州）新（疆）公路430千米处，有这样一个令过往司机胆寒的恐怖地带。汽车行驶到这里，常会被一种神秘的力量影响，莫名其妙地翻车。虽然司机们一到这里便会更加小心，可事故还是接连不断地发生，每年少则十几起，多则几十起。表面看来，这100米路段路面平坦，视野开阔，与其他路段没有什么不同之处。是不是因为这里是弯道，汽车速度过快，产生强大的离心力而失去平衡，从而发生事故呢？答案是否定的。经过对路面的重新研究，专家们一致认为设计没有问题。尽管如此，交通部门还是对这段公路进行了改建，将以前的弯道改直并加宽了路面。可这些努力都白费力气，翻车事故一点也没有减少。有人调查了历次翻车事故，发现每次失控的汽车都向北翻，于是人们推测可能在北边有一个大磁场，是强大的磁力将汽车吸翻的。这种说法存在一定道理，但至今还没有找到充足的科学依据来加以证明。

美国翻车地带

奇怪的是，在美国爱达荷州的州立公路上，距离因支姆麦克蒙14.5千米的地方，也有一个被司机们叫作“爱达荷魔鬼三角地”的恐怖翻车地带。正常行驶的车辆如果进入这一地带就会突然被一股看不见的神秘力量抛向空中，随后又被重重地摔到地面上，造成车毁人亡的不幸事故。

一名叫威鲁特·白克的汽车司机就是经历过这一恐怖抛车事件的幸存者，每当他回忆起那次历险时，就会感到胆战心惊。他说：“那天，天气晴朗，我所驾驶的卡车一切正常，当我行驶到那个奇怪的地方时，汽车突然偏离了公路，‘腾’地翻倒在地。”

据统计，在这个地方，已有17个人失去了生命。人们无法理解的是，这段公路与其他公路相比没有任何不同之处，同样是宽阔平坦的大道，然而它所造成的死亡率却是其他路段死亡率的4倍。面对这个事故多发地带，人们总想了解产生这种现象的原因，科学工作者们也尝试着作出一个合理的解释。他们对这里进行了考察，结果认为：这些现象的产生是由于地下水脉辐射的影响造成的。这里的地下水脉有什么与众不同，为什么它能够产生如此威力巨大的辐射？人们能改变这种影响正常生活的怪现象吗？这些都是科学工作者目前还无法回答的问题。

荒漠中的危险公路为寂静的旅途涂抹上了一层神秘色彩

飞机地狱

占地球表面积 2/3 的海洋，存在着很多奇异的海域，如著名的百慕大三角区、日本魔鬼海域等。在太平洋龙三角与大西洋百慕大中间的地中海一带，也存在一片非常奇异的海域。地中海和北岸的卡尼古山山谷一带便是这奇异地带的中心区。卡尼古山山谷，更是成为飞机失事的多发区和飞行禁区，因此被人们称为“飞机墓地”。

出现神秘怪人

1951 年 6 月，在卡尼古山山脚下的卡斯特尔村，人们亲眼见到了一个近 2 米高的怪人——此人体格健壮、头披白色长发、身着合体的灰色服装。可那身服装上既没有纽扣，也没有缝线的痕迹。他吃的是面包，喝的是牛奶。附近村民从来就没有与他交流过，也不知道他来自何方，更不知道他是怎样来到这里的。这个人没有和任何人说话，只是在村外走来走去，不一会儿就不见了。

可是没过多久他又出现了，一切都显得那么神秘莫测。人们由他的长相认为，他是外星人的可能性非常大。因此，人们认

为卡尼古山山谷多少年来发生的怪事都与这个怪人有关联。

资料统计

据有关资料统计，卡尼古山从1945年初至1967年6月竟发生了11起空难，共有229人罹难，如此高的灾难发生率实在令人吃惊。一些细心的人做了如下统计：1945年3月，一家英国的解放者式飞机遇难，5人死亡；1950年12月，一家摩洛哥空军的DC－3型飞机遇难，3人死亡，4人受伤；1953年2月，一架法国的北阿特拉斯式飞机遇难，6人死亡……这一系列的飞机罹难事件使得卡尼古山山谷一带成了可怕的“飞机墓地”，更给人们留下了无数谜团。

卡斯特尔村出现的神秘怪人是否真的为外星人，人们不得而知。不过他的神秘出现让人自然地认为此地的怪事与他有关

自焚火炬岛

荷兰帕尔斯奇湖上，有一个能让人自焚的火炬岛，为什么人在这个岛上能自焚？人们一直在寻找答案。17 世纪 50 年代，几位荷兰人来到帕尔斯奇湖，当地人劝他们不要去火炬岛。一位叫马斯连斯的荷兰人觉得当地人是在吓唬他们，他并不理睬当地人的劝告，固执地邀了几个同伴前去火炬岛，寻找所谓印第安人埋藏的宝物。当他们一行人来到小岛附近的时候，几个同伴忽然胆怯起来，准备返回去，只有马斯连斯一人不肯罢休。同伴们远远地目送着他的木筏慢慢接近小岛，正当他们要离开时，突然看到一个火人从岛上飞奔出来，一下子跃进湖里。那不就是他们的同伴马斯连斯吗？他们迎上前去，只见水中的马斯连斯仍在继续燃烧……

探寻火炬岛

1974 年，加拿大萨斯喀彻温省普森理工大学教授伊尔福德组织了一个考察组来到火炬岛进行考察。通过细致分析，伊尔福德认为，火炬岛上的人体焚烧现象，是一种电学或光学反应。该观点一出立即遭到考察组的哈皮瓦利教授的反对，哈皮瓦利认为：火炬岛上的某些地段存在某种易燃物质，当人进入该地段后，便会着火燃烧。正因为他们都认为这种自焚现象是由某种外部因素引起的，因而去火炬岛时都穿上了特别的绝缘耐火耐高温材料服装。在岛上，他们并没有发现有什么怪异的地方。然而，就在考察即将结束时，同行的莱克夫人突然觉得心里发热，伊尔福德立即叫大家迅速从原路撤回。就在这时，走在最前面的莱克夫人忽然惊叫起来，只见莱克夫人的口、鼻中喷出阵阵烟雾，接着冒出了一股烧焦了的肉味。待焚烧结束后，那套耐高温的服装居然仍完好无损，而莱克夫人的躯体早已化成灰烬。

巴哈马大蓝洞

巴哈马群岛位于美国佛罗里达半岛外的罗萨尼拉沙洲与海地岛之间。巴哈马群岛由30个较大的岛、六百多个珊瑚岛和二千多个岩礁共同组成，全长1 220千米，宽96千米，总面积约1.4万平方千米。

巴哈马人称蓝洞为“沸腾洞”或“喷水洞”，这是因为在洞口有汹涌的潮流出入的缘故。涨潮时，洞口的水开始围绕着一个漩涡飞速转动，能把任何东西吸入；落潮时，洞内喷出蘑菇形水团。一些当地人相信，蓝洞内生活着一种半似鲨鱼半似章鱼的怪物，这种怪物会用长触须把食物拖入海底的巢穴内吃掉，然后吐出不需要的残余物。

解密大蓝洞

巴哈马大蓝洞的全部洞穴都在水面之下，全长800米，直通大

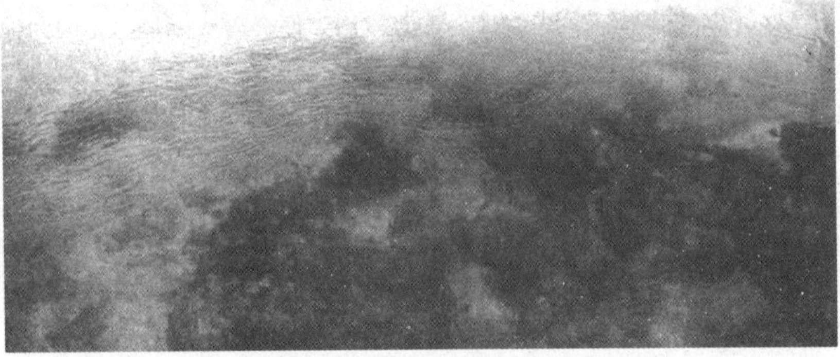

海。各洞窟彼此都有通道连接，通道间叉路很多，又连着小洞窟，像迷宫一样。洞中的钟乳石和石笋形态不一，有的像妖魔鬼怪，有的像飞禽走兽，有的像鲜花树木。这里虽然终年得不到太阳的照射，但却充满了生机，各种海绵布满了洞壁，青花鱼等水生动物也在洞中怡然自得地游来游去。

那么，巴哈马大蓝洞为什么会在水下形成呢？

巴哈马群岛原来是一条巨大的石灰岩山脉的一部分，当时地球上遍布冰川，海平面较低。后来，石灰岩受到酸性雨水的淋蚀而形成了许多坑洼，逐渐成为洞穴。之后，因气侯日益干燥，地下河逐渐消失了，洞穴也随之干涸，于是从石灰岩中析出的硫酸氢盐和钙慢慢形成了石笋和钟乳石。没有水的支撑，洞顶开始坍塌，很多洞窟的顶部弯成了穹形。距今 1.5 万年前，冰川因地球气候转暖而开始融化，海平面也逐渐升高到现在的高度，一部分陆地变为海洋，于是巴哈马群岛中的一些洞穴就变成了水中洞穴，因此形成了巴哈马大蓝洞。

一般的海底洞穴一旦形成了便常常被淤泥冲积物充塞掩埋，因而海底洞穴极为罕见。而巴哈马大蓝洞则由于附近大河少，沉积物少，而且水流较急，能将附近的沉积物迅速冲走等特点而得以存留至今。但巴哈马群岛至今仍在下沉着，它将来的命运又会如何呢？

自然未解之谜

ZIRAN WEI JIE ZHI MI

时空隧道

“时空隧道”听起来有些不可思议，但据美国海军部的资料记载，1945 年 7 月 30 日，也就是二战即将结束时，美国海军“印第安纳波利斯”号战舰在西太平洋被日本潜艇击沉，当时大约有 25 名官兵乘救生艇逃离沉船，死里逃生。后来太平洋舰队司令部收到了他们发出的求救信号，立即派出飞机与船只广泛搜寻，却无功而返。时隔 46 年，即 1991 年 7 月 31 日，菲律宾的一队拖网渔船在菲律宾群岛以西的西比斯海域发现了一条救生艇，上面拥挤着 25 名美国海军将士，但其制服却与今日大不相同。

渔船将其救起，问他们是什么人。他们竟回答说，是昨天从“印第安纳波利斯”号上逃出来的。他们的船被日军击沉了。菲律宾的渔民们非常奇怪：什么时候日本同美国又发起战争了？渔民将这些美军人员送往菲律宾的美军基地。更令美军专家困惑万分的是：这些获救人员所报的姓名，竟能同“印第安纳波利斯”号某些失踪水兵的姓名一一对应；问他们当时太平洋舰队、“印第安纳波利斯”号上的情况，他们也回答得丝毫不差——这究竟是怎么一回事？

一切听起来似乎都有些神奇，失踪了35年的飞机再度重返“人间”，这种神奇的现象让人咋舌

航空史上的“神秘再现”事件

在航空史上，这种“神秘再现”的事件真是不胜枚举。

在第二次世界大战期间，一支在北欧战场作战的美空军战队在战斗结束后整编时发现少了一架P－38战斗机。其余飞机立即在附近地区搜索，但是没有发现任何失踪飞机的残骸，也没有发现飞行员跳伞的迹象。就在人们几乎要放弃的时候，这架失踪的飞机却神秘地归来了，并在机场上空突然爆炸，飞行员被迫跳伞。

基地官兵们目睹了这件不可思议的事情。机身编号证明：这架飞机正是失踪的那架P－38战斗机。但它的油箱早已用干了，怎么可能飞返基地呢？而那名跳伞的飞行员也已前额中弹，又怎么还能跳伞呢？这成了一桩悬而未决的奇案，人们只得把它记入美国空军机密档案，档案上附有基地指挥官和所有目击者的签名。

无独有偶，1990年9月9日，在南美洲委内瑞拉加拉卡斯机场，控制塔人员发现天空中出现了一架式样古怪的客机。机场官员立即通过无线电通信呼叫，要求那架“不速来机”报出自己的身份：“这里是委内瑞拉，请问你们从什么地方来？有什么目的？”

二战时的美军士兵及潜艇

飞行员听罢惊叫道："委内瑞拉？天哪！我是美国914号班机，由纽约起飞，准备飞往佛罗里达州的，怎么会飞到你们这里来呢？"

机场官员不由得也吃了一惊，他接着问道："你们是何时从纽约起飞的？"

"我们是2日早上9时55分起飞的。"

官员听着有点儿迷糊——今天是9日啊！于是他又问："你们是几月2日起飞的？"

"这还用问？"飞行员很不耐烦地说，"先生，当然是1955年7月2日起飞的！"

官员身边的人都听得清清楚楚，大家异常震惊。飞行员不可能说谎。官员将手握紧，摇头道："天哪！今天已经是1990年9月9日了，你有没有搞错？"

事后经过了解，这架突然出现的DC－4型914号班机，确实是在1955年7月2日由美国纽约起飞，前往佛罗里达州迈阿密市去的。但它在途中突然失踪，与地面失去了一切联系。然而，当它再度重返"人间"时，却已经是1990年了，距它的起飞时间足足过了35年。

穿越"时空隧道"的船只

在历史上有许多关于"时空隧道"的记载，不仅有人，还有船只。

1935年，英国"阿兹台克"号在大西洋海面上航行时，看到了一艘名叫"拉·达哈马"号的船漂浮在海面上。水手们上船察看，发现它上面没有一个人，连一具尸体也找不到。这只船天窗破碎，船板断裂，桅杆落在船外，只有船长的航海日志完好无损，仿佛才刚刚搁笔离开。然而不久后，意大利班轮"雷克斯"号传出了更为惊人的消息。据说在“阿兹台克”号遇到这艘船之前，他们曾在大西洋海域遇到过一只已经损坏的船，名字就叫“拉·达哈马”号。当时那只船在急速下沉，桅杆已经折断，掩翻在水里，船员们曾经竭力挽救它，然而无济于事。在狂风巨浪的拍击下，船沉入了茫茫大海……

船已沉入水底，怎么又会重新漂浮在海面上呢？是它有神出鬼没的特殊功能，还是“穿越时空”地再现呢？

穿越“时空隧道”的武士

1990 年 5 月，在奥地利的一座古堡的地下，人们挖掘到了一具十分奇异的骷髅头骨。在这个头骨上，有两个对穿的子弹孔。

本来，这也不是什么奇怪的事情。但是，令考古学家爱德华·桑马博士颇感纳闷的是：这具骷髅头骨不是现代人的，而是一名中世纪武士的。据维也纳大学的科学家们鉴定，这名武士大约死于 1450 年。15 世纪的武士怎么会死在现代的 5. 45 毫米口径步枪的子弹之下呢？这个难题令所有的科学家们都感到迷惑，无法找到合情合理的答案。

唯一可以解释这一现象的大胆设想，就是那位古代武士极有可能在无意之中闯进了“通往未来世界”的“时空隧道”，来到了现代的战场，不幸被流弹击毙，造成意外丧生。

美元去了古埃及

前些年，在文明古国埃及曾发生过一桩时光倒流 4 000 年的“意外事件”，当今的科学家们绞尽脑汁也找不出答案。

法国一个考古工作队在尼罗河流域最早有人类生活的地区考察

时，发现了一座大约建于公元前2000年的太阳庙遗址，然而那时这里根本没有人烟。

法国的考古专家们对该遗址进行了认真考察。当他们掘开一块古老的石碑仔细寻找时，发现了一枚埋藏在地下的银币。

令人惊叹的是，这是一枚当代美利坚合众国还没有正式发行的面值为25美元的硬币。但是，它为什么会出现在4 000年前的古埃及神庙的地底下呢？这真叫考古学家们百思不得其解！

“时空隧道”之谜

穿越时空的再现，即神秘的失踪与神秘的出现，引起了人们极大的兴趣，也真正地难倒了科学家们。那么，“时空隧道”究竟是什么呢？迄今为止的说法，主要有三种：其一，“时空隧道”就是让时间停止。即“时空隧道”与地球不在同一时间体系内，它的时光是相对静止的。凡误入“时空隧道”者，即意味着失踪，而且无论失踪多少年（三年五载或几十年、数百年），当失踪者再现时，同失踪前的面貌仍然一样；其二，“时空隧道”是“时间的逆转”。当失踪者进入这种时间体系里时，即有可能回到遥远的过去或未来，而当其退出这种体系时，又会回复到失踪的那一刻。这种进入与回复的过程，也就是时间逆转与再逆转的过程；其三，“时空隧道”就是时间关闭。它对于人类而言是看不见、摸不着的（但却是客观存在的）。有时它会偶尔开放一次，即人类进入它里面，从而造成所谓的失踪，但当它再次关闭时，即对人类造成排斥，于是失踪者又会出现在原来的地方了。然而这些毕竟只是科学家们的猜测，至于“时空隧道”到底是什么样子，人类是否能合理地利用它，至今仍是个未解之谜。

“火雨”之谜

火雨是一种极为少见的自然现象，世界范围内的森林大火很多都是由火雨造成的。因为这种雨很容易引起火灾，所以才被人们称为“火雨”。大约100年前，火雨毁灭了亚速尔群岛地区的一支舰队；而在得克萨斯，火雨也曾引起了草原上的特大火灾。

火雨引起的大火很难扑灭，所以带来的危害是极其巨大的

由于是瀑布式倾倒，所以由火雨产生的火灾很难扑灭。发生这种火灾时，不仅要扑灭已燃烧着的物质，还要集中精力对付高达2 000℃的热雨。

为此，扑救这种火灾时除了要使用水，还要使用特殊的硅质粉，以隔断热源同氧气的接触。

火雨的形成

对火雨现象的解释，目前存在两种观点：

一种认为这是由彗星散落后的零星物质落入地球而造成的。从彗星在太空散落，到地球上出现火雨，这期间应该需要 2 年～6 年。由于近年来天体物理学家观察到越来越多的彗星散落现象，所以非常有可能在最近 6 年～15 年内要出现一些火雨。届时火雨造成火灾的数量每年将达 8 起，而 50 年后每年将达 30 起。

另一种观点认为，火雨现象是我们尚未认识到的另一个文明世界对我们的破坏活动。这种想法从表面上看，似乎是天真的，但持这种观点的人认为，如果火雨现象来源于宇宙，是彗星散落的产物，那么化学家通过光谱分析应该能发现火雨中所含有的彗星化学成分，但迄今为止，化学家在这方面的研究仍没有最终结果。

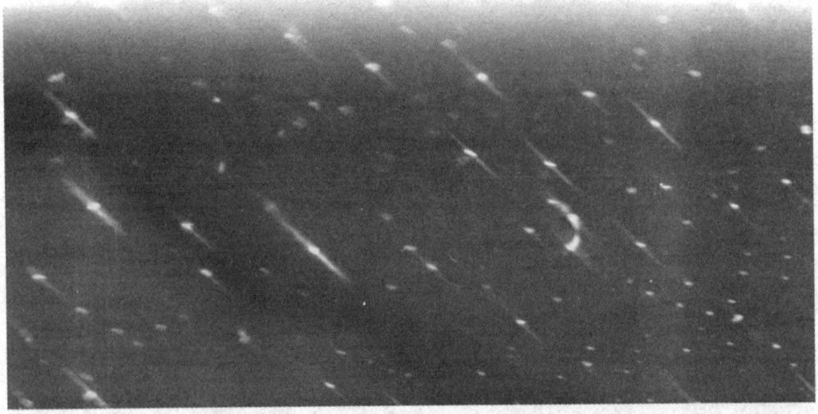

火雨又名干雨，是一种非常奇特的自然现象。对于火雨的成因，科学家们仍莫衷一是，没有达成一个统一的意见

奇异的定时雨

一年365天，雨随时会下，并无固定的日子和确定的时间。但在一些地区，竟然真有“定时雨”，即在一定时间一定会有雨准时降下。

几种类型的“定时雨”

美国宾夕法尼亚州的韦恩思堡，在每年的7月29日，即使前一天还是万里无云，烈日当空，一到这一天，雨水便会从天而降。当地人们把这一天定为“降雨日”。

更为奇怪的是，在巴西的巴拉城，每天都要下几次雨，而且每天下雨的时间都相同，因此，巴拉城的市民们都习惯用下雨的次数来计算时间。如果要约定见面的时间，不说上午几点或下午几点，而是说第几次雨后。

骤降的暴雨如同一位不速之客，给人们带来想象不到的“礼物”，这“礼物”有时便是大雨滂沱，寸步难行，有时则是屋倒房塌，居无定所

印度尼西亚爪哇岛的土隆加贡区，每天都有2次准时降临的大雨，一次是下午3时前后，一次是下午5时30分前后，当地小学生上下课都不用时钟报时，而是把2次下雨时间作为上课和放学的时间。

离奇的活人失踪谜案

1880年9月23日的傍晚，在美国东部的田纳西州的一个名叫卡兰迪的乡间小镇上，发生了一件离奇的活人失踪案。事件的主人公——大卫·兰克先生是这个小镇郊外一家大牧场的牧场主。

事发经过

事件发生前，兰克先生曾邀请友人——贝克法官和洛伊先生到家里共进晚餐。傍晚时分，贝克法官和洛伊先生乘着马车准时来到兰克先生家。

当时，站在大门前面的兰克先生听到马车声便与妻子和两个儿子一同前往迎接。

“欢迎！欢迎！”

只见兰克先生一边热情地挥着手，一边走向马车上的客人。可就在这一瞬间，他突然消失了。

这究竟是谁在搞怪？

在场的每一个人面对这突如其来的怪事都目瞪口呆。

警察们将整栋建筑物作了彻底的搜查，而且动用了警犬来搜索，可是仍旧没有兰克先生的影子。美国当地的报纸，几乎有一个月的时间都是以“兰克消失事件”为题而大做文章。这一事件轰动了全美，但经过多方调查寻找，兰克先生还是音信全无。

又过了数月，兰克先生的儿子来到父亲消失的马车前，忽然听到一个奇怪的声音：

“我好苦啊！好苦啊！”

于是警方又立即出动，不过依旧毫无收获。究竟兰克先生为何失踪？他现在是生是死？人们一无所知。

神秘的位移

地球上总有一些神秘的事情发生。1983 年 7 月，在比利时灶尔地区的瓦洛尼镇居住的波格朗夫妇，发现他们 14 个月大的婴儿吉尧姆的卧室时常会在夜里传出一种怪声。为了安全起见，他们请警察协助将这件事搞清楚。

警察调察的结果

警察在吉尧姆的房间，用粉笔把 20 千克重的小床 4 条腿的位置画在地板上，然后关上门下楼。楼上除了熟睡的婴儿外，没有任何人。过了 10 分钟，楼上突然传来低沉的声响，警察上楼后，发现门微微开着，而那张床竟挪动了 30 厘米。

警察局长托马在没有惊醒孩子的前提下，把这张床搬离墙面 25 厘米～30 厘米，然后离开房间，把房门关上。大家耐心地在楼下等了一刻钟。在这段时间里，没有任何人走进小孩的房间，这一点绝对可以肯定。但是，当大家再一次走进小孩子的房间时，这张床竟然重新回到了原来的位置上！可爱的吉尧姆仍然在床上睡得很香甜，而那扇离开时关上的门又微微开着。难道是风把门吹开的？但微风怎么能使一张长 1.5 米、重 20 千克的床挪动位置呢？真令人不解！一天，警察又观察到吉尧姆的床竟竖了起来，像一根交通标杆似的，而床上的枕头并没有掉下来，依然放在床板的上方。

蝮蛇岛形成之谜

蛇是冷血动物，很多人一提到蛇就会觉得很害怕。可是假如你身处在一个小岛上，这个岛随处可见蛇，除了害怕你又会想到什么？

在我国就这有这么一个岛，岛上到处都是蝮蛇，这个岛就在我国辽东半岛最南端的大海上。这个小岛简直就是一个独立的蝮蛇王国。

蝮蛇是一种小型毒蛇，又叫土公蛇、草上飞。这种蛇体长在 60 厘米 ~70 厘米，背面灰褐色到褐色，腹部呈灰白到灰褐色，头背处还有一块“∧”形斑。很难想象在一个面积不到 1 平方千米的岛上，爬满了 14 000 多条蝮蛇，那将是怎样的一种情景。

这些蝮蛇无孔不入，在岛上的树干里、草丛中、石缝里到处都能看到它们的身影。到过岛上的人都说，只要登上蝮蛇岛，你能看见的就是清一色的蝮蛇在地上匍匐前进着。它们自在地爬行着，吐着芯子，让人不寒而栗。这些蝮蛇在长期的进化过程中已经会利用保护色来伪装了，它们或是趴在岩石上，看上去就像是岩石的裂缝；或是挂在树干上，看上去如同树枝一般；还有的就躲藏在草丛中，

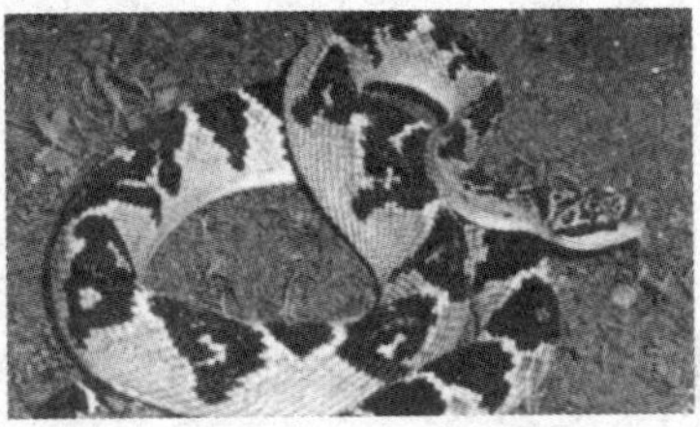

伺机捕获猎物，整个小岛暗藏杀机。

人们都很好奇，究竟这小岛上的蝮蛇都是从哪来的呢?

经过科学家们的深入研究发现，这座小岛简直就是蝮蛇成长的天堂，特殊的地理位置，使蝮蛇十分适合在这里生存和繁殖。在在二百多万年以前，蛇岛还是大陆的一部分，蛇岛和台湾岛、海南岛等大岛一样，都是第四纪时从大陆分离出去的大陆岛。在蛇岛上的石英岩、石英砂岩和砂砾岩中，有很多大大小小的裂缝。这些裂缝可是习惯穴居的蝮蛇绝佳的栖息之地。同时它还能够保存雨水，使孤岛有充足的水源。而且，岛上还有十分适宜的植被环境，为蝮蛇的生长创造了良好的环境。其次，蛇岛所处的气候带使此地气候温和湿润，是东北地区最暖和的地方，这对植物的生长和昆虫等动物的繁殖特别有利。从而也为蝮蛇们提供了丰富的美食。蝮蛇有着极其敏锐的感应器官，它可以迅速而准确地逮到鸟类。

生物学家还发现，岛上的土壤土质疏松，含有丰富的水分，这又极适合蝮蛇在土中打洞，使之安全度过冬天。

可是为什么这么小的岛上却有着这么多的蝮蛇呢?原因很简单，在这个岛上，没有蝮蛇的天敌，它们又有着丰富的美食，蝮蛇自然会独霸一岛而无止境地繁殖下去了。事实上，蝮蛇的繁殖能力也是十分强的，它们每次可以产下十多个蛋，这样的速度发展下去，岛上蝮蛇的数目当然会不断地增加了。

只是人们十分好奇，这样的地理环境，其他种类的蛇应该也可以生存，可是为什么岛上却偏偏全是蝮蛇呢?有人说这是因为蝮蛇“不挑食”，它们什么都吃，而那些“挑食”的蛇自然在发展的过程中渐渐就消失了。可是对于这一观点，许多科学家认为存在着漏洞，不“挑食”的蛇不只是蝮蛇，可是为什么岛上仍是看不到其他种类蛇的身影呢?另外，在这个蛇岛的周围还有五个小岛，与其地理环境和生存条件都极为相似，可是在那五个小岛上，人们并没有发现蝮蛇的存在，这又是何原因呢?这种种的谜团还有待于人们揭开。

神奇的双层湖

众所周知，在同一个湖中由于风和水流的带动，湖水通常上下搅动、浑然一体，可是在美国阿拉斯加北部和巴罗角的努乌克湖，却出现了水层分明，保持明显的分界线的奇特现象，努乌克湖湖水的上层是淡水，而下层却是咸水，同时在这两个水层里还生活着完全不同的鱼类和植物，可谓是神奇至极。那么，究竟是什么原因形成了这种奇异的现象呢?

奇异的努乌克湖

最先发现湖中水层分明的是一个因纽特人，因为他在很久以前就开始在这里捕鱼了。当他把撒下去的网收起来的时候，竟然发现网中同时有淡水鱼和咸水鱼。不可能的事情居然发生了，惊讶的他甚至怀疑是不是自己的眼睛出现了问题，把鱼看错了。经过仔细辨认后，他确定网里的鱼绝对是生活在不同水质中的鱼，一种是当地

的淡水鱼，一种是近海的咸水鱼。紧接着他又连撒了几网，收网时网中依然是淡水鱼和咸水鱼都有。

这简直太奇怪了，怎么会有这么奇怪的事情呢？在同一个湖里竟生活着咸、淡两种水里的鱼，这难道是上帝赐予我们渔民的吗？他高兴极了，把这个消息告诉了族人。于是，他的族人都来到这个湖里捕鱼，检验他说的事是不是事实。结果，正如这个渔民所说的那样，其他族人捕上来的鱼兼有淡水鱼和咸水鱼两种。

消息的传递就像飞翔的鸟儿一样，很快，这个消息就传到了世界各地。一位生物学家听说了这个消息后，对此很感兴趣。于是，这位生物学家很快便动身前往努乌克湖。在当地渔民的帮助下，他很快弄清了生活在这个湖里的淡水鱼和咸水鱼的种类。可是，这个湖里为什么会同时存活着两种水里的鱼呢？对于这个问题，生物学家也是一头雾水。

后来，这位生物学家又请来了潜水员，之后他索性也穿上了潜水衣，一次次潜入湖中并在不同水层采取了水样，目测和取样都证实了这个湖中的奇妙现象——在距湖面 2 米深的地方，竟存在着一条淡水层和咸水层的分界线！

实验分析

也许人们还不知道双层湖的发现究竟意味着什么。要想了解双层湖的神奇之处，就必须先做一个实验。首先取半杯盐水，再往里倒半杯清水，稍稍搅拌一下。你会看到什么？拿起来喝一口，是咸的还是淡的呢？再拿一根吸管，伸到一半或者更深一点的地方吸一口，味道又是什么样的呢？对于这三个问题，大概不用做实验，凭着人们的常识，就能很轻松地得出结论——这杯水不会有明显的分界线，喝起来都是一个味道，带着淡淡的咸味。但努乌克湖则不同，湖中存在着一条明显的分界线将湖水分为上、下两层，淡水和咸水泾渭分明，这就说明了这个湖的湖水上下并不相溶。湖水分两层：上层淡水，生活着淡水鱼类；下层是略带苦味的咸水，其中生活的各种动植物同北冰洋的生物相似。上层生物与下层生物互不往来，在各自的水域中生活着。

为什么会发生这种奇特的现象呢？究竟是什么造成了两种截然不同的水层互不“侵犯”的局面呢？通过科学家们的研究，最终得出一个结论：原来这个湖是由海湾上升而形成的，最初这里是一片低洼地，它的北部是一条狭长的陆地，像一个堤坝一样使其与北部的海水隔开。由于冬季降雪量很大，大量的融水在春天流入这个“口袋”里，又因为湖区的气候奇寒，才使得这些淡水始终不能和咸水相溶。有时湖区北部的海水被海上风暴激起，翻过狭窄的“长堤”进入湖里，同时因为咸水的比重比淡水大，所以就都沉到了湖的下层。因此，努乌克湖底层水的咸度大于附近海洋中的海水咸度。并且努乌克湖位于北极圈内，位于上部的淡水层经常冻结成冰，无法流动。种种原因，才导致了努乌克湖淡水和海水之间存在着明显的界限。

努乌克湖湖水双层的谜底终于被揭开，在人们对自然界的认识越来越深刻的同时，也不禁感叹大自然的鬼斧神工。

双层湖的上下两层水有着明显的界限，两层湖的颜色也不相同

夜明珠发光之谜

在我国许多古籍中，常常提到一些夜间发光的珠宝。这些奇珍异宝究竟是神话虚构还是真有其物呢?

能发光的宝石

古人曾传说夜明珠就是鲸鱼目。近代一些科学家认为它们可能是特殊的矿物宝石。据地质学家研究，自然界的确有少数几种矿物在受到外界能量刺激时会产生发光现象，如某些含杂质的金刚石、磷灰石、重晶石、萤石、白钨矿和水晶等。

1916 年，日本宝石学家铃木敏在所著的《宝石志》中写道：日本的夜明珠是一种特殊的红色水晶，被封为“神圣的宝石”；英国当代学者李约瑟认为夜明珠就是萤石；我国也有人推测，某些宝石白天接受阳光暴晒，到夜间即能放光。古人可能把这些东西加工成圆珠形或其他形状，这就是古今中外传说或史书记载的夜明珠。

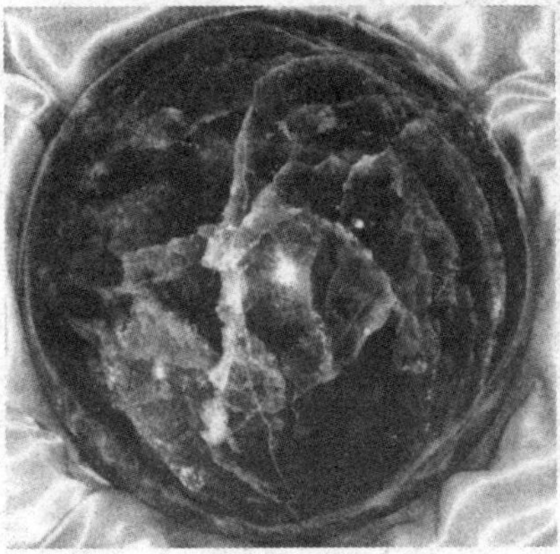

我国民间流传的“夜明珠”，都有着奇异的发光性能，能在无光的环境中发出各种色泽的晶莹光辉

据1984年《河北科技报》报道，我国在广东某矿上发现一种浅棕色的萤石，证实了史书记述的夜明珠确实存在。但是，这些放光的矿物都需要事先接受外界的能量刺激，与古书的叙述又不尽相同。有没有无须光照也能放光的珠宝呢？据说慈禧太后死后嘴里就曾含着一颗夜明珠。

夜光杯为何物

唐朝诗人王翰的《凉州词》：“葡萄美酒夜光杯，欲饮琵琶马上催。”多少年来被广为传诵。夜光杯最早出现于何时何地，已无从考证。属凉州故地的甘肃酒泉曾出产夜光杯，原料采自祁连山上的祁连玉，也有人称其为夜光石。不过这种祁连玉根本不会夜间发光。有人指出，今之夜光杯非古之夜光杯。但也有人认为，古之夜光杯本身也不能发光。那么它为什么被叫作夜光杯呢？

有人说，夜光杯壁薄，斟满后对月映照，月影倒映杯中，月光透过杯壁，与酒色相辉映而呈现异样的光彩，故称夜光杯或夜光常满杯。

鉴于考古工作者至今没有发掘到真正的夜明珠、夜光杯等文物，在自然界也没有见到过类似的矿物，关于它们的有无和奇异性质，目前仍是一个谜。

夜明珠至今仍是尚未彻底揭开的一个千古奇谜

神奇的海火

1975年9月2傍晚，在江苏省近海朗家沙一带，海面上突然出现了奇怪的亮光。亮光随着波浪起伏，就像燃烧的火焰那样翻腾不息，一直到天亮才逐渐消失。第二天夜晚，亮光再次出现，而且亮度较前日加大了。以后每天夜晚，亮度都逐渐加大。到第七天，海面上涌出很多泡沫，当渔船驶过时，激起的水流明亮异常，如同灯光照耀，水中还有珍珠般闪闪发光的颗粒物。几小时后，这里就发生了地震。

海火的成因

这种海水发光现象被称为“海火”，它常在地震或海啸之前出现。

1976年7月，唐山大地震的前一天晚上，秦皇岛、北戴河一带的海面上也出现过这种发光现象。1933年3月3日凌晨，日本三陆海啸发生时，人们看到了更为奇异的“悔火”。海浪底下出现了三四个草帽形的圆形发光物，它们横排前进，色泽青紫。后来互相撞击的浪花搅碎了这些圆形发光物。

“海火”是怎样产生的呢？一些人认为，这与海里的发光生物有关。水里的发光生物因受到扰动而发光是早为人们熟知的现象。这些生物种类繁多，除水藻外，还有许多细菌和放射虫、水螅、水母、鞭毛虫，以及一些甲壳类和多毛类小动物。因此人们推测，当海水受到地震或海啸的剧烈震荡时，便会刺激这些生物，使它们发出异常的光亮。

但也有一些学者持有异议。他们提出，在狂风大浪的夜晚，海水也同样受到剧烈扰动，为什么不产生“海火”呢？

一些人认为，“海火”作为一种复杂的自然现象，很可能有多种成因，生物发光只是其中的一种，至于其他原因，至今仍是个未解之谜。

海洋中是否有“无底洞”

在希腊克法利尼亚岛的爱奥尼亚海域，有一个能吸进大量海水的无底洞，每天被这个无底洞吸进去的海水有 3 万吨之多。曾经有人推测，这个无底洞可能就像是石灰岩地区的漏斗、竖井和落水洞一类的地形。

我国四川省兴文县的石海洞，就有这样的一个大漏斗。石海洞直径约 650 米，深 208 米。无论是暴雨倾盆，还是山水骤至，其底部始终不积水。每次检测都能够重新找到消失于漏斗里的水流的踪迹，它们或近或远总会在地面上重新出现。但是，克法利尼亚岛附近的无底洞却与此不同，在那里消失的海水无论采用什么方法进行检测，都再也找不到了。

永远的吞噬

为了揭开这个谜，美国地理学会曾派遣一支考察队先后两次到那里考察、试验。第一次试验毫无结果。第二次，考察队员用玫瑰色的塑料小颗粒给水做了“记号”。他们把 130 千克这种带有特殊标记的水倒入海水里。片刻工夫，所有的小塑料颗粒就全部被无底深渊吞没了。科学家指望这一次可以把秘密揭开，哪怕能在附近找到一粒塑料颗粒也好，但是他们的计划还是落空了。

那么这里的海水为何会没完没了地“漏”下去呢？“丢失”的海水究竟流到哪里去了呢？到目前为止，还没有人能告诉我们准确的答案。

历史未解之谜

LISHI WEI JIE ZHI MI

撒哈拉沙漠壁画之谜

人们对撒哈拉沙漠并不陌生，它是世界第一大沙漠，那里的气候炎热干燥。然而，令人迷惑不解的是，在这样极其恶劣的自然条件下，竟然有过高度繁荣昌盛的远古文明。当你面对沙漠上许多绚丽多彩的大型壁画，当远古文明的结晶触手可及时，一种敬畏感便会油然而生。但今天的人们已经难以对这些壁画的绘制年代进行准确的考证了，壁画中那些奇形怪状的事物在人们看来也神秘莫测，这成为人类文明史上的又一个谜团。

壁画表明沙漠原是绿洲

哪里有谜团哪里就会有人们探索的足迹。1850 年，德国探险家巴尔斯来到撒哈拉沙漠进行实地考察，无意中发现岩壁上刻有鸵鸟、水牛及各式各样的人物像。1933 年，法国骑兵队来到撒哈拉沙漠，在沙漠中部的塔西利台、恩阿哲尔高原上偶然发现了长达数千米的壁画群，它们全部绘在受水侵蚀而形成的岩石上，色彩雅致，刻画出了远古人们生活的情景。此后，世人将注意力转到撒哈拉，欧美一些国家的考古学家也纷至沓来。1956 年，亨利·罗特率领法国探险队在撒哈拉沙漠发现了一万多幅壁画。第二年，他又将总面积约 1 080平方米的壁画复制品及照片带回巴黎，一时间成为轰动世界的奇闻。

人们可以从发掘出来的大量古文物中发现，距今约 4 000 年前，撒哈拉并不是沙漠，而是大草原，是草木茂盛的绿洲，当时有许多部落和民族生活在这块沃土上生活，并创造了高度发达的文明。这一文明最主要的特征是磨制石器的广泛流行和陶器的制造，这也是生产力发展的重要标志。

在壁画中，人们还可以看到撒哈拉文字和提裴那古文字，壁画的表现形式和手法相当复杂，内容丰富多彩。这说明当时的文化已发展到一定高度。绘制壁画所用的颜料是不同的岩石和泥土，如红色的氧化铁，白色的高岭土赭色、绿色或蓝色的页岩等。远古人将台地上的岩石磨成粉末，加水作为颜料绘制成壁画，由于颜料充分渗入岩壁内，因而画面的色泽能保持很长时间，所以经过几千年的风吹日晒至今仍鲜艳夺目。

壁画的内容

壁画的内容多是一些雄壮的武士，他们大多表现出一种凛然不可侵犯的威武神态。有的手持长矛、圆盾，表现出征场面；有的手持弓箭，表现狩猎场面。在壁画的人像中，有的身缠腰布，头戴小帽；有的不带武器，像是在敲击乐器；有的像是在欢迎“天神”降

撒哈拉沙漠中的岩石壁画

临，翩翩起舞。另外，壁画群中的动物形象也占有很大比例，它们千姿百态，神态各异。那些动物受惊后四蹄腾空、势若飞行，其创作技艺非常卓越，可与现代任何杰出的壁画作品相媲美。艺术来源于现实，根据这一理论，我们可以从这些动物图像中推想出古代撒哈拉地区的自然风貌。

然而，在今天极其干燥的撒哈拉沙漠中，为什么会出现如此丰富多彩的古代艺术品呢？6 000 多年前，撒哈拉曾有高温和多雨期，遍布湖泊和草原，多种植物在这里生长，只是到公元前 300 年—前 200 年，气候发生变化，昔日的大草原才逐渐变成了大沙漠。那么，是谁在什么年代创造出这些气势磅礴的壁画群，绘制壁画的目的又是什么呢？至今无人知晓。

远古宇航员

更加令人不解的是，在恩阿哲尔高原丁塔塞里夫特曾发现一幅壁画，画上都是一些戴着奇特头盔的人，头盔的外形很像现代宇航员的头盔。为什么这些画中人要穿着这样厚重笨拙的服饰，头上要罩个圆圆的头盔呢？

后来，美国宇航局在对日本陶古进行研究的过程中，竟意外地发现了一些关于撒哈拉壁画的天机。

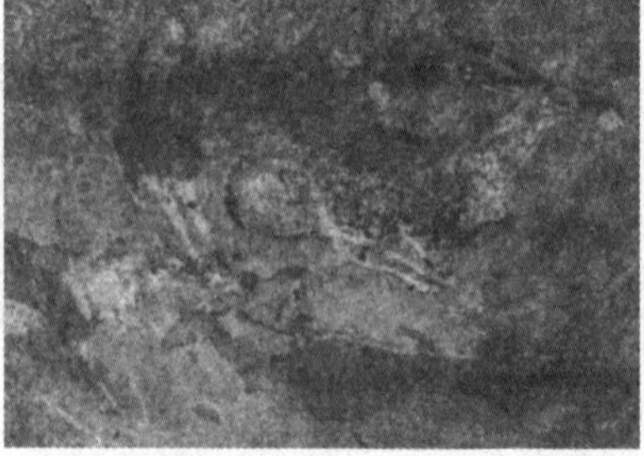

所谓日本陶古，是在日本发现的一种陶制小人雕像。这些陶古曾被许多历史学家认为是古代日本妇女的雕像。可是美国宇航局科研人员认为，这些陶古是一些穿着宇航服的宇航员。这些宇航员不但有呼吸过滤器，而且有由于充气而膨胀起来的裤子。科学工作者的这个研究成果，不仅来自对陶古的认真研究，而且他们还把一段神话传说作为参考的依据。日本古代有个关于“天子降临”的传说，非常巧合的是，在这个传说出现的100年后，日本就有了陶古。所以人们认为，传说中的“天子”，也许正是天外来客，而陶古恰恰是这些“天子”——宇航员的肖像画和雕塑。如果日本陶古真的像人们所说的那样是天外来客，那么，撒哈拉壁画中那些十分相似的服饰，是不是有可能就是天外来客的另一处遗迹呢？

如果我们用唯物主义的观点去看待这个世界，当然不会相信有神的存在。然而，那些触手可及的遗迹，又确实是我们地球人目前难以解释的。我们认为外太空的生命有可能曾经在我们地球上留驻过，正如我们在月亮上曾留下地球人的痕迹一样。这些痕迹为我们提供了许多值得探究的课题，给人类留下了许多不解之谜。

新疆岩洞里的月相图

在20世纪60年代初，中国考古人员在新疆一座古老的山洞里也发现了一批古代岩画，经科学家考证，这是数万年前的作品。其中，有一组世界上最早的月相图，它是由新月、上弦月、满月、下弦月、残月等连续画面组合而成的。

非洲壁画表现出当时人们的生活状态，同时还附有一些让人费解的文字和符号

令考古人员十分震惊的是，满月图上居然画着辐射线的细节。在满月图中，球体南极处的左下方，刻有7条呈辐射状的细纹线，这表明满月图作者极其准确地知道月球上有由大环形山中心辐射出的巨大辐射纹。这与人们现在用天文望远镜观察到的月球表面呈放射状分布的大环形山非常相似。数万年前的原始人怎么会知道月球表面的地貌呢？难道这数万年前的月相

图并非原始人所刻绘？那么，这古老月相图的作者又是谁呢？

意大利的“史前宇航图”

在美国的加利福尼亚、伊朗的西雅尔克、意大利的布列西亚、墨西哥的帕伦克等地相继发现了绘有这类颇似宇航员形象的岩画。看来这已成为一种普遍现象。

其中，意大利的布列西亚史前岩画上画有两个人，他们都穿着鼓鼓囊囊的套服，头上戴着奇怪的密封盔，盔上还伸出天线似的短角，手里拿着工具似的东西。至于墨西哥的帕伦克岩画，则是在当地一座金字塔中深藏的石棺盖上发现的，它虽然不是史前作品，却被研究专家称为“典型的史前宇航图”。因为画中人物很像是正在驾驶飞驰的火箭。图中刻画出的飞行物前身呈尖形，稍后是几个形状奇特的凹口，很像是舱门或通风口，再往后逐渐变宽，尾部是一股喷出的火舌。仔细观察会发现，它前端处有开口，由开口纳入空气，空气经由管道送入尾部。画中的玛雅人上身前倾，手里握着操纵杆状的东西，左脚跟踩在一块踏板上，正全神贯注地注视着面前的仪表，显然，“火箭”正处于飞行的状态。

更为奇特的是，这位操纵员的头盔装置也非常复杂，有透气口、管子，还有天线般的东西。他的衣着也恰到好处，一套紧身连衣裤，腰间束着宽皮带，手臂和腿部紧束着绑带。他的前座与运载器的后部隔开，在运载器内可以看到各种对称的方、圆、点和螺旋线。

在这幅现代人眼中极度超越时代的古代作品中，究竟隐藏着怎样的讯息呢？或者说，它将会告诉后世哪些秘密呢？玛雅人的祖先是否曾经接待过神秘的“天外来客”呢？这所有的一切都等待着研究者们进一步探索。

所罗门王“宝藏”之谜

所罗门是犹太历史上空前绝后的一位国王，他以才智赢得了四方的尊敬和朝拜，邻国的国王每年都会派遣使臣来进贡金银财宝和名贵香料。这一时期，犹太人的手工业、商业，特别是对外贸易都达到鼎盛，人们称所罗门统治时期为“黄金时代”。传说在公元前10世纪，所罗门修建了一座宏伟的犹太教圣殿——耶和华神庙，并在神殿中央的“亚伯拉罕神岩”下修建了地下室和秘密隧道。那里存放着数不清的金银财宝。从此以后，人们都知道了所罗门有一个藏宝之地。

后人的寻宝之旅

继所罗门王统治时代结束，犹太王国日渐衰落。公元前586年，耶路撒冷被新巴比伦国王尼布甲尼撒二世攻陷，巴比伦人曾在“亚伯拉罕神岩”的地下室和秘密隧道中寻找所罗门的财宝，最终因地下室和隧道结构复杂，无法找到财宝，只得放弃计划，圣殿也被付之一炬。但所罗门财宝对世人仍有着巨大的诱惑力，所以寻宝行动至今从未间断过。这些财宝究竟藏在哪里呢？有人认为地下室的秘密隧道是这些财宝的藏身之处，

寻找宝藏的冲动加快了人们探秘的步伐，价值连城的宝藏又让多少人蠢蠢欲动

只是人们无法接近；还有人认为在巴比伦人攻陷耶路撒冷以前，这些财宝就已经被秘密转移到别的地方去了。有些人通过进一步猜测，得出这样一个结论：在所罗门王统治时期，他常常派船只出海远航，而且每次都是满载而归，所以，大海中的某一个岛屿也许就是所罗门储藏黄金的宝库，那些满载而归的金银财宝就是从这个宝库中运出去的。于是相信这种说法的一些冒险家纷纷去寻找这个岛屿或大陆。

1568 年，一个名叫门德纳的西班牙航海家率领船队踏上了一座岛屿。当他发现岛上的人都佩戴着金光闪闪的各种首饰时，竟兴奋地以为这里就是所罗门藏宝之地，并给当地取名为“所罗门群岛”，门德纳自以为实现了多少人梦寐以求的寻宝美梦，但结果却是一无所获。至于所罗门宝藏究竟在哪里，现在仍是一个未解之谜。

可怕的法老咒语

迄今为止，埃及金字塔时于全世界来说仍是一个谜。在漫长的历史岁月中，它始终笼罩着神秘面纱，充满着神奇色彩，也正因如此，它才吸引了越来越多的研究者和探索者。金字塔中最令人感到毛骨悚然的还是金字塔墓碑上的咒语："不论是谁骚扰了这位法老的安宁，'死神之翼'将在他头上降临。"其实，这些神话般的咒语只是想告诫那些觊觎墓穴中财宝的后人，以防盗墓。但可怕的是，这个咒语真的应验了。凡是胆敢进入法老墓穴的人，无论是盗墓贼、冒险家，还是科学考察人员，最终不是当场毙命，就是不久后因染上奇怪的疾病而痛苦地死去。这不能不使人感到恐惧和费解。

图坦卡蒙陵墓被开启

1922 年 11 月 26 日下午，在埃及"国王山谷"一座金字塔脚下陡峭的地下通道里，站着两位神色严肃的人。矗立在他们面前的是一座封闭了3 000多年的古代埃及法老的墓门。考古学家霍华德·卡特为了寻找这个墓穴已经付出了几十年的心血，他身旁站着的是8 年来为支持他而耗费巨资的卡纳

墓穴中的墙壁上刻着各种各样的图形，有鸟兽、兵器及其他抽象符号，这是世界上最早的文字——象形文字

冯勋爵。他们终于盼来了这一天。卡特小心翼翼地凿开墓门的一角，卡纳冯在他身后睁大眼睛往里面瞧。随着一块块泥土往下掉落，气氛变得异常紧张起来。洞口越来越大，卡特怀着忐忑的心情，用颤抖的手举起手电筒向里照。过了一会儿，卡纳冯用嘶哑的声音问道："你看见什么了？"卡特转过身子，眼睛里闪着光芒，结结巴巴地说："我看见了，奇迹……了不起的奇迹！"

这就是古埃及年轻法老图坦卡蒙陵墓的发现过程。这一发现轰动了全世界。图坦卡蒙统治埃及 9 年，公元前 1350 年，18 岁的图坦卡蒙便神秘地死去了。他一定不会料到，自己被埋葬了 3 200 多年后又突然成为举世瞩目的"新闻人物"，成为全世界一时间关注的焦点。

这座古墓位于"国王山谷"的峭壁脚下，由 4 个墓室组成。满地散落的珠宝表明，墓室封上后不久，曾有盗墓者潜入前室。但盗墓者可能胆怯了，他们没敢继续下手，墓门又被重新密封起来。整个墓穴基本上是完好无损的。

当进入墓室，人们看到满地堆着的无数珍宝时，不由得欣喜若狂。但是当他们看到一块泥塑板上刻着的一行文字时，都感到毛骨悚然，不寒而栗。

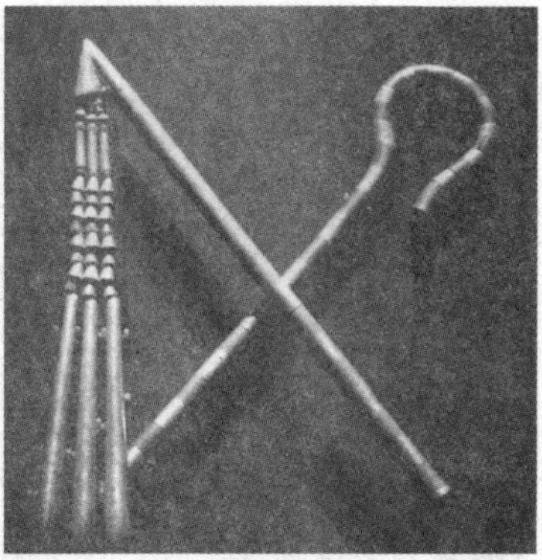

咒语应验

正当人们半信半疑的时候，奇怪的事情接二连三地发生了。首先是卡纳冯勋爵在墓穴中被一只飞虫叮了一下，不久便死去了。接着是梅塞纳爵士的秘书迪克·贝瑟尔、考古学家贝尼迪特和帕萨诺瓦、韦斯特伯里爵士、阿奇博尔德·里德（他曾用X光透视过木乃伊）等人都相继莫名其妙地死去了。似乎真像咒语所说的那样，法老图坦卡蒙王的复仇之剑追逐着卡纳冯勋爵的所有助手和扰乱其安宁的任何人。仅6年时间，就有23人应验了那可怕的咒语走向了死亡。

当人们再次提到图坦卡蒙墓的时候，便会联想到这件离奇的事。1977年7月，卡纳冯的儿子在纽约会见电视台记者，当人们问到“法老诅咒”一事时，他说他“既不相信此事，也不怀疑此事”，但即使给他100万英镑，他也不会进入“国王山谷”中的图坦卡蒙墓。这件事无疑给神奇的法老陵墓又增添了一层神秘色彩。

对“法老咒语”显灵的几种态度

难道那些埃及古代陵墓里早已变成木乃伊的法老们真能在几千年后将发掘者诅咒死吗？目前对“法老咒语”的所谓显灵，各有见解，综合起来主要有以下几种观点：

一种观点认为，墓道壁上附着一层粉红色和灰绿色的东西，这可能是一层死光，经研究

帝王谷中的埃及法老雕像

金字塔是古埃及的象征，它见证了埃及的沧海桑田之变

表明它所放射出的物质能够导致人死亡。

第二种观点认为，埃及当时所具备的文化和科技水平已足以使法老们利用剧毒的昆虫和毒物，将它们置于陵墓中作为防卫的武器，以此来对付后世的陵墓破坏者及盗墓者。1956 年，地理学家怀特斯在挖掘罗卡里比陵墓时，就曾遭到过蝙蝠的袭击。

第三种观点认为这种现象与木乃伊有关。开罗的医学教授泽廷·培豪在木乃伊中发现了一种已生存了 4 000 年的病毒，他认为人们一旦接触了这种病毒便会出现呼吸道炎和脑膜炎，从而导致呼吸道发炎窒息而死。

1983 年，一位名叫菲利普的法国女医生又有了新发现，经过长期研究后，她认为死亡可能是对墓中霉菌有过敏反应造成的。据她研究，死者病状基本相同——肺部感染，窒息而死。菲利普解释说，古埃及法老死后，随葬品除珍宝、工艺品、衣服外，还放置了各种水果、蔬菜和大量食品，这些食物长久保存，经过千百年的腐烂已变成一种肉眼难见的霉菌，黏附在墓穴中。当进入墓穴中的人吸入这种霉菌后，会引起急性肺炎，最后导致其死亡。

无论是哪一种观点，都试图从某个角度揭开法老咒语的神秘面纱，但要想使谜底昭然于世，还需要科学家们长期的努力。

神秘的木乃伊与泰坦尼克号

大约在3 000年前，埃及有一位叫亚曼拉的公主，她去世后，按照古埃及的习俗被制成木乃伊，葬在了尼罗河旁的一座墓室之中。1890年末，4位英国年轻人来到埃及，在当地的走私犯手中购得一具古埃及棺木，棺木中就是这位亚曼拉公主的木乃伊。从此，这位默默无闻的古埃及公主便给许多人带来了一连串离奇可怕的厄运。

公主的诅咒

将棺木带回旅馆的几个小时后，不知道什么原因，4个人中的一个竟然无缘无故地离开了饭店，走向附近的沙漠，从此失去踪影，再也没有回来。

第二天，4个年轻人中的另一个在埃及街头遭遇枪击，受了重伤，最后将手臂切除。

剩下的两个人也都先后遭受厄运：其中一人回国后离奇破产；另外一人则身患重病，最后沦落到在街头贩卖火柴。

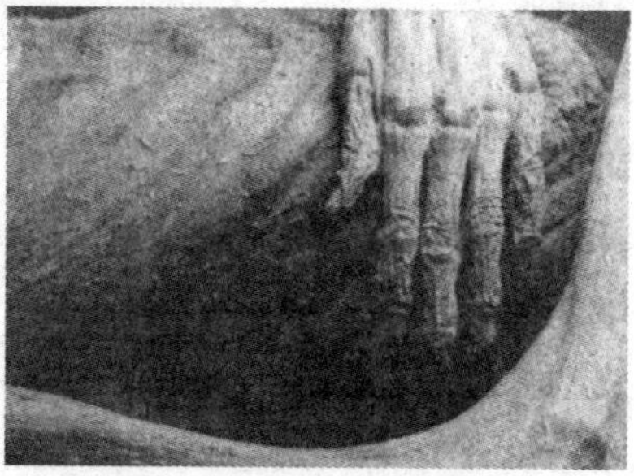

而在棺木运回英国的途中也是怪事不断。运抵英国后，一位钟爱古埃及文化的富商买下了这具木乃伊。可是不久后，富商的3位家人在一场离奇的车祸中受了重伤，富商的豪宅也不幸失火。在经历变故之后，这位富商只好

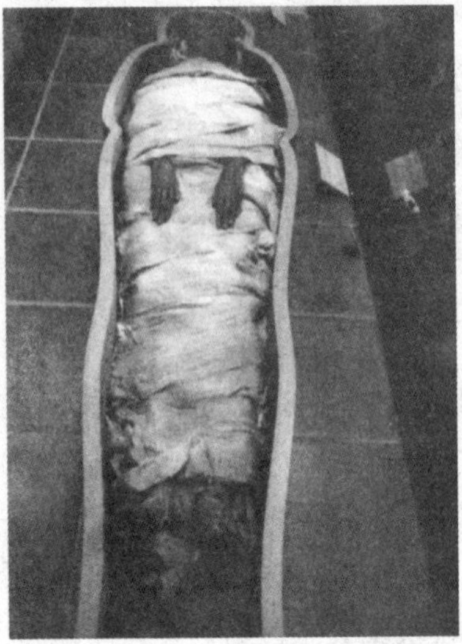

无奈地将这具木乃伊捐给了大英博物馆。

亚曼拉公主的魔力在还没进入大英博物馆之前便已经开始出现征兆。在运载木乃伊入馆的过程中，载货卡车失控将一名无辜的路人撞伤。当两名运货工人将公主的棺木抬入博物馆时，在楼梯间棺木突然脱手掉落，压伤了其中一个工人的脚，而另外一个工人则在身体完全健康的情况下，两天后无故死亡。

而大英博物馆的麻烦才刚刚开始。

亚曼拉公主的棺木被安置在大英博物馆的埃及陈列馆中。在陈列期间，夜间的守卫报告说，在亚曼拉的棺木附近常常会听见敲击声和哭泣声。甚至，连陈列室中的其他古物也经常发出怪声。不久，一名守卫便在执勤时死去，吓得其他守卫打算集体辞职。

由于怪事频发，大英博物馆决定将木乃伊放入地下贮藏室。

可是还不到1个星期，决定将木乃伊送入地下室的博物馆主管又无缘无故地丢了性命。

有一位报社的摄影记者特地进入地下室，为这具名声大噪的木乃伊拍摄照片，结果却在其中一张照片上洗出了可怕的人脸。后来，没人知道发生了什么事，这名摄影记者在第二天被发现开枪自杀于自己家中。

不久，大英博物馆将这具木乃伊送给了一位收藏家，这位收藏家立刻请了当时欧洲最有名的女巫拉瓦茨基夫人为这具木乃伊驱邪。在繁杂的驱邪仪式后，女巫宣布这具木乃伊上有着“大量惊人的邪恶能

量，恶魔将永存在她的身上，任何人都束手无策”。最后，拉瓦茨基夫人给这位收藏家提出忠告：尽快将它脱手处理掉。

但是，这时已经没有任何博物馆愿意接收这具木乃伊了，因为在过去 10 年的时间里，已经有 20 人因这具木乃伊遭遇不幸，甚至失去了生命。

诅咒与沉船

不久以后，一位美国考古学家不信邪，花了一笔不菲的费用将她买下，并且打算将她安置在纽约市。

1912 年 4 月，这位考古学家亲自护送她坐上一艘当时轰动造船界的巨轮。为了慎重，他将她安置在船长室附近，希望她能平安地抵达纽约。

而这艘船就是现在妇孺皆知的“泰坦尼克”号！最终这艘“不沉之船”沉没，葬送了一千多条人命。

有待破解的木乃伊书

伊特拉斯坎人统治意大利半岛大部分地区至少有 300 年的时间，后被势力日渐强大的罗马人赶走。伊特拉斯坎人虔信宗教，能制造精美的艺术品，他们到处旅行，从事贸易，而当时意大利各邻邦仍然以农牧为生。他们的艺术带有奇异的东方色彩，语言与地中海地区西部其他语言完全不同。伊特拉斯坎人善于航海，与希腊、北非等均有广泛的海上贸易往来，所以无法确定伊特拉斯坎人是从何处迁来定居的。

发现“木乃伊书”

考古学家对伊特拉斯坎人知之甚少，原因之一就是伊特拉斯坎人的文字还没有被破译。要想破译伊特拉斯坎人的语言，需要有一篇作用如“罗塞达碑”的文献，然而这样的文献至今还尚未发现。19 世纪末期，人们在一具木乃伊的裹布上发现一篇用伊特拉斯坎文写的文章。这具木乃伊是匈牙利总理公署的一位官员从非洲带回来的一件纪念品，由埃及运往欧洲。这位官员去世后，木乃伊被辗转送到萨格里布博物院。博物院的人员拆开木乃伊时，在内层裹布上发现了这份文献。由于来自埃及，专家们开始

气势雄伟的大英博物馆中收藏着许多埃及古物，也流传着许多与诅咒有关的传说

以为裹布上的文字是埃及文。直到1892年，经一些德国专家鉴定，最终确定是伊特拉斯坎文，上面共有216行字，似乎是某种宗教传单。这一截写上文字的裹布被称为“木乃伊书”。专家们经过对这具木乃伊和裹布研究后认为，那具制成木乃伊的女尸不是伊特拉斯坎人，裹布也许是从一卷由伊特拉斯坎商人或殖民者带到埃及的亚麻布上剪下来的。因为埃及人通常不顾忌裹布的来源。

伊特拉斯坎人的雕塑作品

解读伊特拉斯坎文

虽然有不少语言学家热衷于探索这谜一样的文献，可是至今仍无人能破译伊特拉斯坎文。1964年，意大利专家帕洛蒂诺教授，在罗马附近派尔基地区伊特拉斯坎神庙进行发掘时，挖到三面金牌。其中的两面上有伊特拉斯坎文铭刻，另一面则有古迦太基文，即腓尼基人的文字铭刻。古迦太基文是语言学家通晓的文字。研究者将古迦太基文和伊特拉斯坎文加以对照比较，可是历时数月，仍没有什么头绪。三面金牌上所刻文字似乎没有可以拿来对照的地方，尽管内容可能有所关联。

图为古埃及碑刻

目前，人们仍无法解开“木乃伊书”之谜。

一夜消失的帝国

在美丽的的的喀喀湖畔，历史古老而悠远的印加文化就在此处诞生。虽然印加帝国坐落在海拔4 000米的高原上，但那里水量丰沛，绿茵成片，阳光充足，是发展农业的最佳场所。在这里，印加人用他们的智慧和力量，建造了瑰丽宏伟的宫殿，他们日出而作，日落而息，男耕女织……勾画出一幅安宁祥和的画面。印加人信奉太阳神，他们拥有进步的政治制度，而且能够利用完善的法律来治理百姓，不必对他们施以严刑。

灿烂的印加文明

以农业为本的印加帝国，早在公元前400年就掌握了集约栽培法，他们栽培玉米的技术非常高超无人能比。此外，印加人在纺织品的生产技术上，更有巨大的突破，出现了各式各样的织法以及各种形态的精致图案，真可谓是巧夺天工。

印加人发掘出的金矿被用来装饰帝国庄严的宫殿建筑，在宫殿的四周均镶嵌着金饰物，灿烂夺目，光彩辉煌，但也许是物极必反的道理，这也同时为印加人带来了灾难。

灾难降临

多拿卡巴克王统治时期，印加达到了无与伦比的盛世。多拿卡巴克王死后，

印加帝国被分为两部分，由他的两个儿子瓦斯卡尔和阿塔瓦尔帕来统治。但是在1531年，兄弟俩反目成仇，并引发了战争，这为灭亡种下了祸因。

“他们在太平洋上，乘坐漂浮在水面的大房子，掷出快如闪电、声如雷霆的火团，渐渐靠近了。”正如预言中所描绘的那样，猫眼、尖鼻、红发、皮肤白皙、蓄着胡须的天使回来了，印加人甚至没有抵抗，便弃城而逃了。

事实上，这一批被印加人误认为是神的人，正是西班牙侵略者皮萨罗和他率领的180名士兵。

皮萨罗深知唯有擒获印加帝国的皇帝，才能获得更多的金银财宝，于是皮萨罗在与同来的西班牙籍神父商量后，邀请阿塔瓦尔帕这位印加皇帝前来卡萨玛尔卡镇，接受天使的召见，阿塔瓦尔帕带着2 000名壮士，手无寸铁地诚心接受召见，结果却难逃被皮萨罗囚禁的命运。

贪得无厌的皮萨罗囚禁了皇帝并将国内所有珍宝集中，为了消除后患，他还残忍地杀害了国王。随后，他又率兵前往印加首都库斯科，企图搜寻更多的宝藏，但令人感到不可思议的是，在库斯科城中，无论是宫殿、神庙都空无一物，连被称为“太阳的尼姑庵”中的百位美女都不知去向，整个库斯科城如死一般沉寂。

帝国在瞬间消失

那么，印加帝国的人们以及财富，为何在瞬间销声匿迹了呢？这至今仍令历史学家们百思不得其解。

有人说也许是印加人自知抵抗不过刀剑锐利、心思狠毒的西班牙人，于是用木筏载着国王的木乃伊和国内所有的金银财宝，向上天祈祷后，便把这些昂贵的宝物沉入250米深的的的喀喀湖中。

然而，印加人拥有7万精锐，难道不敢和180名西班牙人作殊死之战，任由皮萨罗横行霸道，而私下逃向不为世人所知的深山中吗？这种说法不能被人们所接受。

而许多考古学家在安第斯山脉中，陆续发掘到许多印加帝国的遗迹，这证明印加人确实曾经抛弃苦心经营的帝国，而来到蛮荒的山地中再建王国。

在马丘比丘，考古学家丽海姆发现了一个洞穴，两边排着雕凿极工整的石块，这可能是一座陵墓，陵墓上是一座半圆形的建筑物，外墙顺着岩石的天然走势建造。令人惊奇的是，契合的巨石连一张纸都插不进去，墙是用纹理精细的纯白花岗岩堆砌而成的，独具匠心，具有很高的艺术价值。在山上墓穴中的骨骸，女性占绝大多数，人们猜测这也许是当年太阳神庙中的那些女子在继续为印加帝国祈祷呢！由于印加子民没有留下任何文字记载，使得遗留下来的遗迹更具神秘色彩。

带着印加帝国的种种谜团，人们可以大胆地设想一下：西班牙人入侵印加帝国时，另一位国王瓦斯卡尔率领着数以百万的印加人退入蛮荒的安第斯山中，以无比坚毅的信念与勇气，在整座山上建筑自己的藏身之所，于是便有了一座座宏伟的建筑物隐藏在丛林中。可是正当他们养精蓄锐、打算再振当年印加帝国的雄风时，一场大瘟疫突然袭来，残存的印加人无力重回故地，只得继续逗留在丛林中，埋葬死者，消灭遗迹。为了避免再度引起纷争，他们销毁了高度的文明，企图掩饰当年印加帝国的强盛……然而，想象终归是想象，它永远代替不了现实。关于印加帝国之谜的大揭秘，还需要研究者们进一步努力。

维纳斯之谜

在古代希腊神话中流传着许多美丽动人的传说，其中有一个就是属于爱情女神维纳斯的。维纳斯美艳无比又非常浪漫，她掌管动植物的繁衍及人间爱情等职务。西方造像艺术把她作为女性美的形象楷模。

起初维纳斯不是断臂的，而且也并非全裸，在西方人心目中她也不是美的化身。那么，为什么人们现在看到的维纳斯会断了手臂呢？她又是如何一步步成为西方人心目中完美女性的象征呢？

雕像逐渐走向成熟

考古学家经过多年的考察与研究，终于解开这一谜团，那是一个充满浪漫与传奇色彩的故事。大约在公元前 5 世纪初，维纳斯海中诞生的情景进入雕像艺术的世界，但是当时的古希腊只存在男性裸体艺术，并且人们将它视为艺术美的象征，而裸体女性的艺术形象还没有出现。所以雕像中的女神虽然身材非常曼妙，但古希腊人还是给她穿上了薄薄的衣衫。

一直到了公元前 5 世纪末，《女祖先维纳斯》雕像的出现，才开启了艺术维纳斯裸露的时代。雕像中的女神似乎是在不经意间让肩头的衣服滑落，那温柔的眼神和柔软的衣物相互衬托，将一个古希腊女子活灵活现地展现出来。虽然这个女神体格矮小，完全是一个地中海沿岸农村的壮硕妇女形象，但她毕竟是第一位赤身裸体走向古希腊人的女神，这就足够让当时的人们震惊不已了。

在西方艺术界中，虽然已经出现了女性裸体艺术，但涉足这个领域的艺术大师们毕竟还是少数。这种情形一直到了普拉克希特时期，才有所改变。使他流芳百世的是《尼多斯的维纳斯》，这是一尊全身赤裸的、充满喜悦表情、目光温柔的美丽女神。当时的尼多斯人非常喜欢它，并且小心翼翼地把它放到爱神的庙堂上顶礼膜拜。

坎坷的旅程

不过，在美术史上，曾经出现过这样一个问题，它长期困扰着雕塑家们：这个有着完美造型的雕像，却只能由逐渐变细的长腿来支撑，可不可以找到一种更为稳妥的方式来弥补这个不足呢？

普拉克希特成功地解决了这一问题：他将衣饰裹在双腿上，只是让雕像的上身裸露，这样，不需要任何支撑，双臂就可以自由自在地摆出各种姿势了，《卡普亚的维纳斯》就体现了这种雕像的风格。公元前4世纪，伴随着女性裸体雕像大放异彩，男性雕像也就逐渐黯然失色了。公元前2世纪末期，《米洛的维纳斯》诞生，它被称作古希腊时代最后一件伟大的作品。这件作品穿越时空，成为全世界人民共同追求的女性理想美的象征。之后，随着基督教统治时期的到来，裸体艺术也渐渐消失了。

直到文艺复兴时代来临，裸体艺术才重新展现其魅力，维纳斯也逐渐从神圣的殿堂走向世俗，走向自然，成为传达人体美的绝佳对象，比如乔尔乔涅的名画《入睡的维纳斯》、提香的名画《乌尔比诺维纳斯》等，而最著名的则是那幅《维纳斯诞生》。

《维纳斯诞生》

《维纳斯诞生》似乎可以作为体现这样一种“时代感”的例子：裸体的维纳斯像一粒珍珠一样，从贝壳中站起，升上了海面，她的体态是那样娇柔无力。画面左上端的风神把春风吹向维纳斯，而春神弗罗娜则站在岸上迎接她。波提切利以擅长画玫瑰而闻名于世，在这幅画上，他果然也画了许多玫瑰。这些玫瑰在轻风的吹送中，绕着维纳斯窈窕而柔和的身姿飘舞。画面中维纳斯的脸上挂着淡淡的哀愁，内心似乎含有不可言传的、近乎理想的爱。在这里，人们似乎感觉到诞生所带来的并不是欢乐，反而有点悲情味道。画的背景是一片伸展无边的海水、肥沃的土地和茂密的树林，维纳斯的步子轻灵而飘逸，好像处于有推动力的旋律之中。

此外，这个维纳斯的姿态很明显是参照古典雕像的样式来描绘的，只不过把两只手换了一下位置。但波提切利笔下的维纳斯有着极其独特的风韵，这个被认为是美术史上最优雅的裸体，在她面容上带有一种无邪的稚气。到了19世纪，法国女性人体艺术大师安哥尔又创造了不朽之作《海中升起的维纳斯》。至此，维纳斯逐渐成为西方人心目中美和理性的典范。

通过维纳斯的演变过程，人们仿佛看到一幅生动的西方社会历史画卷，在这里，我们看到的是人类对美的永恒追求。

维纳斯断臂之谜

那么，维纳斯断臂又是怎么一回事呢？

人们在19世纪法国舰长杜蒙·居维尔的回忆录中找到了答案。

希腊米洛的农民伊奥尔科斯于1820年春天挖掘出一尊维纳斯雕像。出土的维纳斯右臂下垂，手抚衣襟，左臂伸过头，握着一只苹果。当时法国驻米洛领事路易斯·布勒斯特得知此事后，迅速赶往伊奥尔科斯住处，表示要出高价收买此塑像，并获得了伊奥尔科斯的应允。但是当他们带着巨款赶往米洛准备购买女神维纳斯雕像时，才发现农民伊奥尔科斯已将神像卖给了一位希腊商人，并且已被装船运走了。法国当即决定以武力劫夺。英国得到这个消息后，也派舰艇前来争夺，双方就此展开了一场激烈的战斗，混战中雕塑的双臂不幸被砸断。从此，维纳斯就成了一位断臂女神。

但是，人们没有想到断臂的维纳斯同样展现出非凡的魅力。正是从她身上，人们才体会出残缺美。

巨石阵之谜

在浩如烟海的史料中，记载了无数的未解之谜，巨石阵之谜就是其中之一。巨石阵中的每根巨石都高达数米，有数十吨重，且排列有序。这些巨石阵的形成原因引发了人们的无数猜想。

英格兰巨石阵

在这些巨石阵中最为著名的就是位于英格兰南部什鲁斯伯里的巨石阵遗址。这些奇特的巨石建筑，在风雨中默默度过了几千年，注视着人间的沧桑巨变，引起了来自世界各地的旅游观光者及众多考古学家、历史学家、建筑学家和天文学家的关注。

什鲁斯伯里巨石阵的主体是由一根根巨大的石柱排列成的几个完整的同心圆。在它的外围是直径约 90 米的环形土岗和沟。紧靠土岗的内侧有 56 个等距离的坑，这些坑又构成一个圆，坑用灰土填满，里面还夹杂着人类的骨灰。这些坑是在 17 世纪被发现的，因为发现者是一个名叫约翰·奥布里的人，因此现在通常称之为“奥布里坑群”。

坑群内圈竖着两排蓝沙岩石柱，现已残缺不全，有的只残留了一些痕迹。巨石阵最壮观的部分是石阵中心的沙岩圈。它是由 30 根石柱上面架着横梁，彼此之间用榫头相连形成

的一个封闭的圆圈。巨石阵中每根石柱高 4 米、宽 2 米，重达 25 吨。岩圈的内部是 5 组沙岩石塔，排列成马蹄形，也称为拱门，有 2 根巨大的石柱，每根重达 50 吨，另一根约 10 吨重的横梁嵌合在石柱顶上。

这个由巨石排列成的马蹄形位于整个巨石阵的中心线上，马蹄形的开口正对着仲夏日出的方向。巨石阵的东北侧有一条通道，在通道的中轴线上竖立着一块完整的沙岩巨石。这块巨石高 4.9 米，重约 35 吨，被称为踵石。每年冬至和夏至日出时从巨石阵的中心远望踵石，太阳就隐没在踵石的背后，这更加增添了巨石阵的神秘色彩。

法国卡纳克石阵

位于法国布列塔尼半岛、濒临大西洋的城镇卡纳克，是一个充满神秘色彩的地方。在这里除了有巨石砌成的古墓，最吸引人的便是郊外那一片片整齐排列的石阵。

巨石阵并非杂乱无章，恰恰相反，它排列得很整齐

18 世纪 20 年代人们发现了卡纳克石阵，并对此产生了浓厚的兴趣。这片石阵，据说曾有 10 000 根石柱，而如今只剩下 2 471 根。这片石阵被农田分为 36 片，以 12 根为一排向东延伸。石柱露出地面的部分最高可达 4.2 米。在它旁边不远处就是莱芒尼石阵地，距城北 1.5 千米，从这里再向北，便是卡尔马里石阵，它比莱芒尼石阵要小，而与相邻的凯尔斯堪石阵相比就更小了。

巨石阵的建造者

根据科学家的实地考证，巨石阵最早建于新石器时代后期，约公元前 2800 年，那时已建成了巨石阵的雏形——圆沟、土岗、巨大的踵石和“奥布里坑群”；约公元前 2000 年进入了巨石阵建筑的第二阶段，整个巨石阵基本形成。这个阶段的主要建筑是蓝沙岩石柱群和长长的通道；而到了公元前 1500 年前后时，巨石阵的第三期建筑开始了，这一期建筑是最为重要的，这时建成了沙石圈和拱门，巨石阵已全部完工，这就是人们现在所看到的雄伟壮丽的巨石阵遗址的全貌。

巨石阵的建成比埃及最古老的金字塔还要早 700 年，那么究竟是谁建造了这么雄伟的巨石阵呢？现在仍然众说纷纭。有人认为是当地早期居民凯尔特人所建造的墓穴，也有人认为是古罗马人为天神西拉建造的圣殿，还有人认为是丹麦人建造的用来进行典礼的地方，不过这些都是一些猜测罢了。

无数学者经年累月地找寻着巨石阵的建造者。但是结果却令人沮丧不已，它与埃及金字塔一样神秘莫测，无论是建筑石料的开采、运输及安放，在当时来说都是极其困难的。于是有人认为巨石阵与金字塔是出自同一位巨匠之手。

学者们甚至还使用了当前最先进的仪器设备来考察巨石阵的奥秘，奇怪的是，他们竟然发现巨石阵能够发出超声波。这又是怎么回事呢？

学者们的考察研究又陷入了另一个谜团。无奈，他们只得相信巨石阵的建筑者是地球外的生物——外星人。

巨石阵真是外星人建造的吗？没有任何证据可以证实这一猜想。

巨石阵的用途

有的学者认为巨石阵是远古时代的天文观测仪器。早在200年前，就有人注意到巨石阵的主轴线指向夏至时日出的方位，而冬至的落日方位又在东西拱门的连线上。

1965年，波士顿大学的天文学家霍金斯通过计算机测定，得出结论：巨石阵的排列可能与太阳和月亮在天空中运行的位置有关，而56个“奥布里坑群”则能准确预报日食和月食。此外，他还推断祭司们是通过转动坑群标记来跟踪日月运行而进行推算的。

这种观点一经问世，立刻轰动一时，得到了许多人的支持，但

是巨石阵究竟是否真的是天文观测仪器还存有争议。巨石文化专家柯特金指出：当时的社会状态蒙昧落后，条件简陋，史前人类不可能建造出如此精密的天文仪器。英国的天文学家霍伊尔也提出了异议：史前人类为何不选择一些轻便的木材和泥土来作为天文观测仪的材料，反而要选择难以开采的大砂岩呢？这样不是要耗费大量的劳动力吗？而且奥布里坑群中的人类遗骨也很难与天文学联系起来。

这样，人们又再次回到了宗教这个传统观点上来。

另外，还有的学者认为巨石阵可能是原始人狩猎的特殊装置。

由于巨石阵的全部建筑时间都属于新石器时代，一些专家认为，巨石阵是猎取大型野兽的机关。他们为了猎取较大型的野兽，而又不使自己受到伤害，于是就想出了这种办法。专家们认为，最初巨石阵一定还有一些由木头、骨头和兽皮等制作的构件，但是因为年代久远早已不复存在。由此他们判断，巨石阵很可能是一种狩猎、生活多种用途的设施。

当然，这种狩猎设施并非守株待兔式地等待野兽来临，人们一般是在其中放置一些引诱物，如利用野兽幼崽的叫声做诱饵，兽群在听到幼崽的叫唤声后，会立即包围巨石阵，并不顾一切地拼命冲入阵内。这时，巨石阵里的石头会立即砸下来，将野兽砸死。如果野兽未被砸死，猎人则投掷石块，把被困的野兽置于死地。

击中野兽后，猎人就会把猎物进行加工——剥皮、取出内脏、把肉分成小块，兽皮和肉等有用的东西晾干、贮藏起来，而其他无用之物则扔到阵内作为诱饵，引诱其他野兽再次进入圈套之中。

但是更多的学者并不赞成这一说法，他们认为巨石阵纯粹就是古人祭礼的宗教场所。更有学者干脆把巨石阵视为一种文化，一种古人对巨石的崇仰与尊重。古人崇尚巨石般的坚毅威猛，向往巨石般的牢固与结实，巨石阵是古人心中一种理想的完美垒砌。

几百年来，人们陷入了对巨石阵的不断探索之中。但还是无法得出一个权威的判断，为此考古学家们仍然坚持不懈地进行着研究。

最具悬念的玛雅文明

在古老的世界文明史上，有着无数璀璨的明星，而玛雅文化便是其中最为耀眼的一颗。

玛雅古城近景

当人们面对着玛雅遗址呈现出的异常灿烂的古代文明时，不禁会问：这一切来自何处？史学界的材料表明，在这些灿烂文明诞生以前，玛雅人巢居树穴，以渔猎为生，其生活方式近乎原始。有人甚至怀疑玛雅人就是美洲土著人。但是，没有证据表明南美丛林中这奇迹般的文明存在着一种渐变，或称为过渡阶段的迹象，经历过一个由低到高的发展过程。难道玛雅人的一切是从天而降的吗？

答案似乎是肯定的，因为在地面考古中没有发现任何文明前期过渡形态的痕迹，在此之前的神话传说，也没有任何相关线索。神奇的玛雅文明仿佛是一夜之间产生，又在一夜之间销声匿迹了。

美索不达米亚平原孕育了灿烂的文明

究竟是什么力量，能在石器时代创建出傲世的文明，又是遭遇了何种苦难，才使它消失在中美洲的热带雨林里，这种种的疑问使人们困惑不解。

玛雅人居住的区域包括了中美洲的心脏地带，它横跨危地马拉、伯利兹、墨西哥、洪都拉斯和萨尔瓦多部分地区，分别以两个互相隔离的区域——齐阿巴斯和危地马拉高原的南部高地为中心。1983年，一位英国画家在洪都拉斯的丛林中发现了一座城堡的废墟。坍塌的神庙上那一块块巨大的基石，刻满了精美雕饰；石板铺成的马路，说明它曾经是个车水马龙、川流不息的闹市；路边砌着排水管，又标志着它曾经是个具有一定文明的都市；石砌的民宅与贵族的宫殿尽管大多数都已倒塌，但当年喧哗而欢乐的景象仍依稀可见。

玛雅文明遗址上的残垣断壁刻满了精美的雕饰，标志着玛雅文明曾经的辉煌

所有这些断壁残垣，有的被荒草和荆棘所遮盖，有的被蟒蛇一般的野藤紧紧缠绕。从马路和房基上破土而出的树木急不可待地向废墟上空延伸，仿佛接受了某种特殊的使命，急于掩盖某种神秘的奇迹似的。

玛雅人的金字塔

这种荒蛮的自然景象与异常雄伟的人工遗迹的巧妙融合，形成了神奇的效果，吸引了无数人的目光。20世纪以来，一批又一批考古人员来到洪都拉斯，后来他们又把寻幽探胜的足迹延伸到危地马拉、墨西哥、秘鲁以及整个南美大陆。于是无数的奇闻轶事纷至沓来。如玛雅人的金字塔可与埃及人的金字塔相媲美，危地马拉的提卡尔城内的那座金字塔高达70米，墨西哥的巨石人像方阵令人困惑不解，特奥蒂瓦坎的金字塔的雄伟精致堪称奇绝，等等。

其中，最典型的就是墨西哥丛林中的9座金字塔。在这些金字塔中存放着精致的凹凸镜、蓄电池、变压器、太阳系模型的碎片。塔内还有一种空间形态能，可以使刀刃锋利起来，使有机物发生脱水反应。1927年，美国探险家马萨斯在一处墓葬的陪葬品中发现了一具水晶骷髅，它散发耀眼的七色异彩，而且具有麻醉和催眠作用。然而，水晶的高级制作技术是1947年才开始使用的。因此，人们判

玛雅文明遗址中精致的雕像

断这些贮藏物可能不是地球人的杰作。

然而，金字塔出自玛雅人之手已经确定无疑了。为了建造这 9 座金字塔，玛雅人跋涉于太平洋和哥第拉之间，把所需的石料运往墨西哥的丛林中，但是在通往金字塔的途中却没有任何道路、建筑和车轮的遗迹，他们是使用什么工具把那些石料和其他物品运过去的呢？人们猜测可能是外星飞船承担了这一运载任务。

玛雅人创造的奇迹

据统计，各国考察人员在南美洲的丛林和荒原上，共发现废弃的古代城市遗址达 170 处。它们向世人展示了一幅玛雅人在公元前 11 世纪到公元 8 世纪时期，北达墨西哥南部的尤卡坦半岛，南达危地马拉、洪都拉斯，直抵秘鲁的安第斯山脉广阔的活动版图。同时也表明了玛雅人在 3 000 年前，就已经开始在这块土地上生活了。但是，如果没有巨大的精神和物质力量，那么即使受到来自其他星球智能生命的启发，美洲人也无法创造出这样的奇迹。考古学家证实，在创造这一系列奇迹时，玛雅人已经进入了富足的农耕社会，并独立创造出属于自己的文字。

玛雅文明时期的精美壁画

然而进一步的研究并没有使人解开美洲人建造金字塔之谜，反而让人们更加迷惑不解。玛雅人拥有不可思议的天文知识，他们的数学水平也比欧洲足足先进了 10 个世纪，一个以农耕为唯一生活来源的社会，居然能有先进的天文与数学知识，这又成为一个令人费解的问题，吸引着考古学家们前来研究和探索。

复活节岛的石像来自何方

在茫茫的南太平洋水域里，有一座孤独的小岛。岛上的人现在仍过着落后的原始生活，可是岛上却存在着代表高度文明的巨石雕像。很明显，这些巨大的雕像不是当地人雕刻的。那是什么人雕刻了这些石像呢？雕刻它们的目的又是什么呢？这样一座小岛给我们留下了一连串的不解之谜。这座神秘小岛的名字叫复活节岛。

复活节岛地处智利境内，坐落在茫茫无际的南太平洋水域，距智利海岸大约3 700千米，当地人叫它“拉帕努伊岛”，意思是“世界的中心”或“地球的肚脐”。它是世界上最神秘也是最孤独的地方之一。

人们发现这个海岛上存在着两种“居民”：一种是显然处于原始状态的实实在在的波利尼西亚人，另一种却是代表着高度文明的巨石雕像。现在岛上的波利尼西亚人既没有雕刻这些巨大石像的艺术造诣，又没有海上航行数千千米的航海知识，那么究竟是什么人雕刻了这些石像？他们为什么要这样做？这一切使这个海岛笼罩上了一层神秘的色彩，也正因为如此，复活节岛在太平洋上的许多岛屿中变得与众不同。

复活节岛石像的浩大工程非远古人能力所及，那到底是什么力量创造出了这一奇迹的呢？

复活节岛被发现的历史并不长。1722年，是荷兰人首先登上此岛并为此岛命名的，恰逢那天是复活节，于是这座远离世界

文明的孤岛便有了一个响亮的名字——复活节岛。

之后的几十年里，西班牙及欧洲各国的探险家们先后多次登上此岛。这些被当地居民称为“莫阿尹”的石像，有着非常明显的特征：形态各异的长脸，略微向上翘起的鼻子，向前突出的薄嘴唇，略向后倾的宽额，垂落腮部的大耳朵，刻有飞鸟鸣禽的躯干以及垂立在两边的手，这些奇特的造型赋予了石雕以独特的风采。另外，有些石像头上还戴有圆柱形的红帽子，当地人称其为“普卡奥”，远远望去，红帽子就像一顶红色的王冠，使石像显得更加尊贵和高傲。

石像从何而来

令世人赞叹不已的石像已经成为这个天涯孤岛的象征。但在惊叹之余，人们不禁要问，石像代表着什么呢？复活节岛的土著人为什么要用简陋的工具去雕刻它们呢？

二三百年来，上述问题一直困惑着世界各国的人类学家、民俗学家、民族志学家、地质学家和考古学家，使得他们纷纷踏上小岛，试图去揭开这神秘的面纱。

但令他们更加惊奇的是：复活节岛上的居民并不知道这些石像的来历，他们之中并没有人亲身参与过石像的雕凿。这说明他们对这些石像的概念和我们一样一无所知。

复活节岛上的巨石人像正是被这些访客一次次地重复，不断地写入游记、见闻、回忆录和日记里，才变得更加神秘。

这些石雕人像一个个脸形狭长、神情呆滞。造型的一致，表明它们的制作者是依照统一的蓝本进行加工的。而石像造型所表现出来的奇特风格，为别处所未见，从而说明它是未受外来文化影响的本岛作品。可是，有些学者指出它们的造型与远在墨西哥蒂纳科瓦的玛雅——印第安文化遗址上的石雕人像有着许多惊人的相似之处。难道是古代墨西哥文化影响过它？可是墨西哥远离复活节岛数千千米，而且这批石雕人像小的重约2.5吨，大的超过50

吨，有的石像上还戴着石帽。它们究竟是如何被制作者从采石场上凿取出来，如何加工制作，又采用什么办法将它们运往远处，使之牢牢地耸立起来的呢？况且前几个世纪岛上居民还未使用铁器。总之这一切都是那么不可思议。

神秘的采石场

另外，人们又将面对一个相当神秘的问题——究竟谁是岛上巨石人像的制作者？这也是人们最想揭开的谜底。

人们逐一统计了岛上的巨石人像，共有六百余尊。除了调查这些巨石人像的分布，人们还在拉诺拉库山脉发现了几处采石场。采石场上坚硬的岩石，像切蛋糕似的被人随意切割，几十万立方米的岩石被采凿出来。到处是乱石碎砾，加工好的巨石人像被运往远方安放，采石场上仍躺着数以百计未被加工的石料，以及加工了一半的石像。有一尊石像最为奇妙，它的脸部已雕凿完成，后脑部还和山体相连。其实再需几刀，这件成品就可与山体分离，然而，它的制作者却匆匆离去，好像他忽然发现了什么意外情况似的。

小岛到底发生了什么？地质学家告诉我们，复活节岛虽然是座火山岛，但它是座死火山，在人类来到岛上居住以前，它的情况一向是稳定的。或许是狂风海啸等灾害造成工地停工，但是，岛上居民理应对海岛常见的这种自然灾害见惯不惊，大可不必惊慌失措。况且灾害过后随时可以复工，但他们却没有这样做。

这是为什么呢？雕刻这些巨石人像的原因，已经是个谜了，而采石场又突然停工，这又成了谜中之谜。

巨石像搬运之谜

许多学者在研究了分布在小岛各处的那六百余尊石像，以及几处采石场的规模等情况后，认为这些工作量需要5 000个身强力壮的劳动力才能完成。他们作过一项试验，雕刻一尊不大不小的石人像，需要十几个工人花一年的时间。利用滚木滑动装置似乎是岛民解决运输问题的唯一途径，同时，这种原始的搬运办法的确可以将这些庞然大物搬运到小岛的任何角落。但是，这无疑又将需要很多的劳动力。这暂且不说，令人困惑之处还在于，在专家雅各布·罗格文初到复活节岛时，他说岛上几乎没有树木。这就否定了利用滚木装置运送巨石人像的推测。

那么新的问题产生了，这些石像是怎么被搬运的呢？

还有，岛上这些石人像还有不少头戴石帽的。一顶石帽，小的也有两吨，大的重约十几吨。这又给我们带来了另一个问题，要把这些石帽戴到巨石人像的头上，又需要有最起码的起重设备。岛上树木不生，连滚木滑动这种最原始的搬运设备都没有，吊装装置就更不可能存在了。

智利复活节岛的雕像

而那5 000个强壮的劳动力怎样生活呢？在那个遥远的时代，小岛上仅生活着几百名土著人，他们过着风餐露宿、近乎原始的生活，根本没有能力提供养活5 000个强壮劳力的粮食。

望着遍岛存在的斑斑疑痕，面对种种不解的疑团，人们仍在努力揭开它神秘的面纱，从而了解得更多，而不仅仅是感受它神秘的魅力和宏大的气势。

神秘失踪的部落

20世纪30年代，曾有两个小部落悄然地集体消失，没有留下任何线索。这荒诞离奇的事件让每一个人都感到不可思议，然而在事实面前，却由不得人们不相信。事情发生在1939年8月，也就是第二次世界大战爆发之前，地点是在阿拉伯半岛的西南端、红海入口的亚丁港。

拉达部落

部落失踪事件发生时，有英军在当地驻守，而发生失踪事件的是四周环绕着沙漠的部落——拉达。

拉达部落的四周种满了枣树，驻扎在附近的英国航空部队的士兵们，也经常来这里购买枣子等物。

拉达部落北方约3千米的地方有另一个叫巴尔的部落。

另外，其南方约16千米处，还有一个叫库阿鲁孙·伊文阿德的大型部落。

在这些部落间往来必须穿过一条峡谷，由这条唯一的通道进行联络。

因纽特人的朋友——北极雪橇犬幼仔。

奇怪的事情就发生在这里。有一天，英国驻军发现，整个拉达部落的居民不知什么时候竟全部消失了。

最不可思议的是，在该部落每户居民家里的家具都保持着原样。此外，有些人家的餐桌上，还留有刚准备好

的饭菜。

据种种迹象来看，拉达的居民不像是移往南、北两个部落去了，即使他们真是穿越沙漠，也应该会被不断在空中飞行的英国飞机发现。

那为什么整个拉达部落的人会毫无征兆地消失，难道是蒸发了吗?

因纽特部落消失之谜

在寒冷地带的因纽特人部落也发生过类似的“蒸发事件”。事件发生于1930年12月初，地点是在距离加拿大北部蒙第联络基地约800千米的安吉克尼湖附近，失踪的是居住在这里的30多名因纽特人。

这一带为酷寒的冻土地带，与阿拉伯半岛的酷热天气相比，简直有天壤之别，然而这两件事的发生却是如此相似，让人不得不去猜测这些失踪人们的去向和他们神秘失踪的原因。

当时发现这件事的，是与这里的因纽特人熟悉的猎人——约翰·拉斐尔。那天，他像往常一样，站在部落的入口大喊大叫，可是却没有人回应。约翰感到很纳闷，便走近最前面的小屋，打开屋门，又叫了几声，然而同样没有人回答。

约翰仔细查看了小屋，发现空无一人。接着，他又挨家挨户地敲门、打开小屋，依然不见人影。

令他觉得不可思议的是，其中一间小屋的炉子上还摆着锅子，掀开锅盖一看，里面还有一些已煮熟的食物。而在另一间小屋里则放着一件正在缝制的海豹皮上衣，不过似乎只缝了一半，因为用动物牙做成的针还别在衣服上面。

由此看来，他们一定是在相当紧急的情况下慌忙夺门而出的。

加拿大西北部的警察在约翰·拉斐尔的指引下，仔细地搜查了每一间小屋，最后仍毫无结果。

警察发现，每一间小屋里的步枪，都原封不动地摆在原处，这让警察迷惑不解，因为对于因纽特人来说，他们出门一定会带枪。

“说不定整个部落的人是因为某种原因而集体发疯了！”有人推测说。

不过小屋里的物品都摆放得井然有序，并不凌乱，这一说法显然难以成立。

对因纽特人来说，最重要的要算是狗了。然而，却有7只狗被发现死在距离部落100米左右的灌木丛中，根据兽医的鉴定，这些狗都是饿死的。

另外还有一件事也令人匪夷所思。集体墓地中的墓碑都被推倒，埋葬的遗体也被移动了。据说因纽特人对死者非常尊重，像推倒墓碑之类的事他们是绝不会干的，而且在这附近，除了人类之外，也没有其他动物能推倒墓碑。

凝固的史诗

由于单靠警方的力量无法做出更充分的调查，因此他们请来专家协助。经过两周的详细调查，得出如下推论：

“安吉克尼湖畔的因纽特人，早在猎人约翰·拉斐尔发现他们不见踪影的前两个月就已消失了。”

因纽特人的雪房子

不过，这个“推论”并不代表真正的结果，它只是专家的推测而已。

那些因纽特人是由于什么样的原因而消失的，并没有人知道。他们的消失，留给我们的是又一个解不开的谜……

庞贝古城失踪之谜

在意大利的古籍中，曾记载着昔日异常繁华的庞贝古城。可是，后来它连同附近的赫库尔兰努姆城及周围的村庄一起都神秘地消失了。庞贝古城哪里去了？这成了千古之谜。

1 600 多年后，那不勒斯东南部的农民为了引水，在打井修渠的过程中，挖出了一些大理石圆柱和雕像，这又引起人们对已经被淡忘了的庞贝城之谜的回忆。被掩埋在地下的会不会是庞贝古城？1738 年，大规模的发掘工作开始了，人们从发现大理石雕像的那口井开始挖下去，没想到，这口井正对着一个圆形大剧场，经过不断发掘，一座古城终于重见天日了。但它却不是庞贝城，而是它的姊妹城赫库尔兰努姆。人们从中受到鼓舞，既然能找到赫库尔兰努姆，庞贝城也一定会找到。这时，人们回忆起前些年在另一个地方修水渠时，也发现过一些罗马钱币及大理石碎片，还发现过刻有“庞贝”字样的石碑，那里很可能就是庞贝古城了。

庞贝城遗址

于是，在 1748 年，人们又开始了挖掘工作。经过二百多年的不断挖掘，一座被 4.8 千米长的城墙包围着的庞贝古城终于展现在人们的眼前。在宽阔的石板街道上印

着两道深深的车痕，街道两旁是一座座商店和居民住宅，而且都保存完好，门上还刻着主人的名字。屋内摆设井然有序，墙上壁画的颜色还很鲜艳，商店里还摆放着货物。那壮观的古罗马圆形剧场、宏伟的庙宇、精致的喷水池、刻有兽头的石制供水龙等，使人们可以很容易想到昔日庞贝城那车水马龙的繁华景象。

那么，这座繁华的古城，怎么会突然消失了呢？科学家们最终揭开了这个谜底。通过考证，他们发现毁灭庞贝城的罪魁祸首是维苏威火山。公元 79 年 9 月的一天，维苏威火山爆发了。喷发的浓烟遮天蔽日，火山灰纷纷扬扬，大大小小的石块从空中倾泻而下，接着下起倾盆大雨，山洪夹带着大量的火山灰及沙石、泥土滚滚而来，庞贝、赫库尔兰努姆及周围大片村庄就这样先后被掩埋了。

庞贝古城遗址中的精美雕像再现了庞贝古城文明昔日的成熟与完美

楼兰古城失踪之谜

楼兰是我国汉代西域的36个附属国之一，人口有1.4万多，出使西域的张骞就曾到过楼兰。当时的楼兰，植被繁茂，土地肥沃，是丝绸之路上重要的城市。历史记载，汉武帝曾派兵攻打过楼兰，并最终使楼兰归附于汉朝。

然而，奇怪的是，楼兰古城繁荣了几个世纪后，却突然消失了。没人知道是什么原因，就连史书中也没有这方面的记载。

楼兰古城遗址

1901年，瑞典探险家斯文赫汀率领考察队找到了楼兰古城的遗址，地址是新疆罗布泊地区。在那里，他们发现了用木材建造的古房

屋，房屋的墙壁是用柳条编制而成的，上面涂有黏土。他们还在挖掘中找到了一座庙宇的遗址，里面有一尊大约 1 米高的佛像……

在这次考古行动中，他们收集到了许多精美的雕饰、丝绸织品、钱币、器皿等，另外还有大量的木简、文书。从此，在历史上消失了一千多年的楼兰古城终又重见天日了。

1979 年，我国考古工作者在楼兰遗址进行考古发掘时，又发现了数十座古墓。在其中的一座墓穴中，还找到了一具披着金发的少女古尸，她身材娇小，身上还裹着丝绸，“楼兰古尸”立刻轰动了全世界。

那么，究竟楼兰古城为什么会成为废墟呢？为此，人们众说纷纭，莫衷一是。有人认为是由于泥沙淤积，导致塔里木河改道；有人认为是商人不再从这里经过了，它便慢慢衰落下来；还有人认为是由于气候变化，风沙日益增大，把楼兰逐渐埋在了地下……

现在，楼兰失踪之谜究竟为何已不再重要，重要的是，楼兰所给予我们的无限遐想。它使我们在日益紧张忙碌的生活中，可以找到一个心灵的憩息之所，让我们紧张的神经和疲惫的双眼，在古道、西风和沙漠、夕阳中，得到片刻的放松，在苍凉宽阔的天地中找回失去的自我。这也许才是我们了解楼兰的真正目的。

幽灵潜艇来自何方

“幽灵潜艇”首次出现在人们的视线中，是在第二次世界大战的后期。当时日本联合舰队和美国航空母舰都曾数次受到它的跟踪。此后，在太平洋战争中，它再次出现，但这次它只对落水的水兵进行了救援，并未参与战争。由于这艘潜艇的速度和反应极快，因此，美国海军称之为“幽灵潜艇”。

第二次世界大战结束后，美国海军和苏联海军都派出过大量潜艇在太平洋、大西洋进行仔细搜索。可惜搜寻了一年，还是毫无结果。美苏两国海军却因此损失惨重，他们分别有2艘与3艘先进的潜艇在搜寻中失踪。

到了20世纪60年代末，“幽灵潜艇”又频频出现在太平洋和大西洋的广大水域，跟踪美苏舰队。

这样，美苏双方便都开始怀疑是对方的侦察潜艇在作怪，但是双方对潜艇如此敏捷的速度，都感到咋舌和不服气。因此，人们常说六七十年代，“幽灵潜艇”对美苏两国在海军潜艇上的研制与扩充起了很大的作用。

1990年，“幽灵潜艇”又出现了。这次它居然大摇大摆地出现在瑞典和“北约”海军举行的一次海上军事联合演习中。它这一挑衅行为，立刻引来了一场大围剿。十多艘潜艇与巡洋舰在开恩克斯纳海湾排成梳篦阵势，炮弹、深水炸弹与鱼雷将这里变成一片喧嚣的战场……但最终却是以“北约”海军的败北而收场。

对“幽灵潜艇”的种种猜测

鉴于“幽灵潜艇”种种超乎寻常的现象，“北约”军事研究人员提出这样一个假设：“幽灵潜艇”会不会是外星人派到地球的不速之客呢？

我们通常所看见的“幽灵潜艇”同美国核动力潜艇外貌相似，只是更精巧一些。1992 年，法国潜水专家拉马斯克在加勒比海进行水下探险时，发现了一座圆体的周身晶亮的银灰色建筑物。它在水下飞快地旋转运行着，但却悄无声息，连波浪也未掀起。拉马斯克猜测这大概是“幽灵潜艇”的另一种类型！

由于“幽灵潜艇”的频繁出现，人们便开始猜测，也许在地球的某处水域中存在着“幽灵潜艇”的基地。那么，这个基地又在哪里呢？

1985 年，美国水下探险家在巴哈马群岛附近水下 1 000 米的深处，发现了一座庞大的水下建筑。

“幽灵潜艇”和美国的“海狼”级核潜艇在外观上极为相似

1993年7月，美、法专家调查队在这一片水域又发现了一座巨大的海底金字塔。在金字塔上有两个巨大的洞，水流以惊人的速度流出，使这一带海面雾气腾腾，波谲云诡。

研究“幽灵潜艇”的人认为，海底金字塔正是“幽灵潜艇”的水下基地。那上面的两个巨大的水洞，就是“幽灵潜艇”的出入口。

“幽灵潜艇”与高智商生物

俄罗斯的一些研究者认为，从“幽灵潜艇”及其基地来看，其拥有者是一种智慧高出地球人很多的外星生物。而且“幽灵潜艇”虽然多次出现在人们面前，但从未攻击过人类，反而在太平洋战争中救助过人类，可见驾驶“幽灵潜艇”者的道德文明，也远远超出人类。

研究者指出，外星人来到地球后被分为两类：一类在地面活动，一类则在水下活动。水下外星人建造了“幽灵潜艇”（或者这是他们从外星携带来的杰作），然后以百慕大三角海区水下的金字塔为基地进行活动。所以，各大洋特别是太平洋与大西洋，才会不时地发现“幽灵潜艇”的行踪。

还有一些研究者认为，在大洋深处，一直就生活着一种具有高度文明、高度智慧的生物。它们既能在“空气的海洋”里生存，又能在“海洋的空气”里生存。在百慕大发现的大金字塔，不过是他们在海中建造的电磁网络罢了。持这种观点的研究者还强调：人类起源于海洋，也许正是在人类进化时就已分为陆上、水下两支，上岸的就是人类，水下的则被称做“海妖”。显然“海妖”的智慧高出人类很多，所以才造出了人类所不能造出的“幽灵潜艇”。

研究者们认为，如果要全面揭开百慕大三角海区与“幽灵潜艇”之谜，只有等到人类与“海妖”的科学文明或道德文明相接近，能够互相沟通时才可以。但是为什么“海妖”的智慧会超越人类这么多？海底真的存在“海妖”吗？“幽灵潜艇”真的是“海妖”所制造的吗？这一系列的问题，还有待于科学家进一步考证。

历时千年的盛会

一提到奥林匹克，人们就会自然而然的想到那传承不熄的体育圣火，那来自世界各地的体育健儿，以及那牵动万千人心的体育赛事。第一届奥运会是在古希腊的雅典举行的。希腊首都雅典，位于希腊东南部的阿蒂卡半岛西侧，三面环海，气候宜人。它是希腊政治、经济、文化的中心，也是重要的竞技场所之一。而古代奥运会就是发源于距雅典西南约300千米的一块丘陵地带——奥林匹亚。

古代奥运会的“金牌”——橄榄桂冠

传说古代奥运会是由众神之王宙斯创始的。古希腊人对于古代奥运会的优胜者是极为崇敬和仰慕的，并且把他们看作宙斯宠爱的勇士，是人类力与美的代表，象征着城邦的吉祥和强大，因此奥运会的优胜者将终身享有愉快和安宁，被当世和后世的人尊崇与歌颂。但是为什么古希腊人对奥林匹克运动会如此推崇呢？古代的优胜者

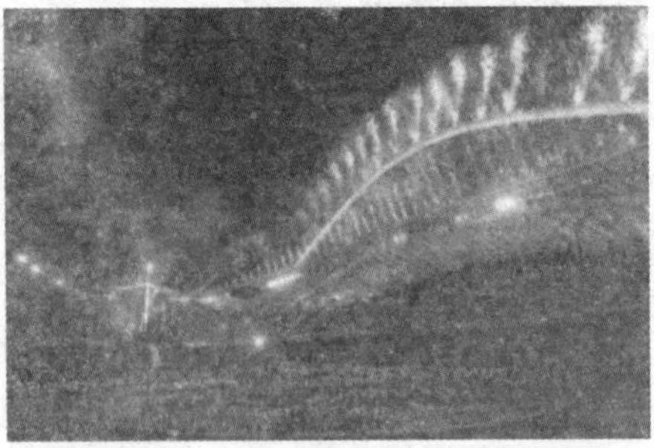

2004 年雅典奥运会开幕式盛况

获得的最高奖赏又是什么呢？

人们在古代奥运会的遗址中挖出的两块石碑上发现刻有这样一段话："要么取得桂冠，要么死。"古希腊人把争夺全希腊规模最大的奥运会比赛中的桂冠，当作最高的荣耀，但是当时奥运会各个项目的比赛，只设立了一位优胜者，除此之外，其余的竞争者都意味着失败，不会得到任何奖励。所以从某种意义上说，运动员参加比赛就如同士兵作战一般，不是胜利，就是死亡，彼此间的竞争和角逐是极为激烈和残酷的。

这时，你也许会问，既然竞争如此激烈，那么获得胜利的运动员会得到什么奖赏呢？

其实古希腊奥运会对优胜者的奖励曾经变更过很多次，但是在较长一段时间内，其奖励原则主要着重于精神奖励，而其中最高的精神奖励就是一顶用神圣的橄榄枝编织而成的桂冠。据说，这种做法始于公元前 752 年的第七届古代奥运会，而且除了所奖励的桂冠之外，还会另外发一条棕榈枝，以示荣耀。

橄榄枝是和平的象征

为什么古希腊人要用橄榄枝来制作桂冠呢？

雅典奥运会闭幕式精彩纷呈

原来在古希腊，橄榄有着极其重要的作用。它不但可以酿酒、榨油和食用，还可以提炼香料和药材，用途之广，经济价值之大，令人吃惊。因此人们对橄榄十分

蒙特利尔奥运会场

崇敬。而且，古希腊是一个信奉神灵的国家，他们认为橄榄树是智慧女神雅典娜亲手种植的，它是神赐给人类和平与幸福的象征，所以，人们对橄榄非常虔诚。此外，人们也想通过一种活动和一种象征来唤起人们制止战争、争取和平的意识，而奥运会上的橄榄冠，就代表了人们的这种心声。奥运会、橄榄枝、和平，这三个词在古希腊早就成了同义语，因此，人们把橄榄枝编成的桂冠并视为最神圣的奖品，自然就把它献给最崇敬的人。

古希腊人对于橄榄枝桂冠的制作特别精心和虔诚，并且有一定的特殊要求：编织桂冠的橄榄枝必须由双亲健在且具有纯希腊血统的纯洁少年用纯金刀子从宙斯神庙旁的神树上割取。经过精心编制的桂冠还必须在最后由神的化身——运动会上声望最高的长老在隆重的授奖仪式上为优胜者加冕。这种授奖仪式必须要在宙斯神像前举行。授奖时，有诗人为优胜者朗诵赞美的诗篇，音乐家为其弹唱，雄辩家发表热情洋溢的讲话……以此来对优胜者进行赞美和歌颂，然后，由裁判宣布优胜者的姓名、简历、比赛成绩、所属的城邦及父母的名字，最后是隆重的加冕仪式。

奥运会优胜者的其他奖励

奥运会优胜者除获取此精神殊荣外，也会享受一些物质方面的奖励和优待，比如一头山羊、烧饭用的三脚鼎、涂身用的油壶等等。而且法典还规定，获胜者享有陪长老吃一顿饭，并免除税金的特权。

另外，优胜者不但能得到大会的奖

励，在自己的城邦他们还会得到更多的荣誉和奖赏。每当优胜者荣归故里时，人们都会举行隆重的欢迎仪式，其热闹程度犹如城邦盛大的节日。人们甚至为了迎接优胜者归来而破城扩路，为其建造“凯旋门”或“胜利路”。

据说，有一位名叫迪亚哥拉斯的希腊人看到自己的两个儿子戴着橄榄枝冠，同时从奥林匹亚竞技场上凯旋而归时，高兴得禁不住泪流满面，最后竟然在儿子们的臂膀中猝死！但希腊人并不把它看成一件不幸的事，反而认为是人间最大的幸福，如果能得到这样的幸福，死也是没什么可惜的。

为了表达对优胜者的由衷敬意，也为了让优胜者的英名和光辉形象为后人永久纪念和缅怀，并激励后来者奋发向上，古希腊奥运会规定：获得一次奥运会比赛的优胜者，可以在奥林匹亚竞技场的墙壁上留下自己的名字；如果连续三次夺得优胜者，则可在宙斯神庙由当时第一流的雕塑家用大理石或青铜为其塑像，使其流芳千古。

学者们还把优胜者的业绩编制成特别的名册，以便在希腊传颂并作为史料流传后世。例如公元前5世纪末，伊利斯学者兼演说家希皮尼斯就曾经出版了第一本有关奥运会优胜者的花名册。一个世纪以后，古希腊最伟大的学者亚里士多德又为这份名册作了进一步的修正和核对，为古代奥运会的优胜者们建立了更为可靠的历史档案。令人遗憾的是，这些史料并没有保存下来，它们都被湮没在历史的长河里了。

现代奥林匹克运动会

1896 年，在希腊雅典举行了第一届奥林匹克运动会

随着近代体育的兴起，人们都迫切地盼望着能够恢复古代奥运会。因此，国际奥林匹克委员会决定于 1896 年在雅典重新举行奥运会，熄灭了一千多年的奥林匹克圣火再次点燃了。时至今日，奥运会的各种奖励，特别是奖牌，已经历了多次变化。1896 年的首届奥运会授奖仪式是由希腊国王乔治一世亲自主持的，他授予每位冠军一份证书，一枚银质奖章，以及橄榄枝花冠；亚军被授予一份证书和一枚铜质奖章及月桂花冠；第三名则只有铜牌。作为奖品，橄榄枝桂冠一直被使用着，直到 20 世纪 30 年代它才退出体育舞台，而它神圣的象征意义存在了 2 000 多年。

1900 年的巴黎奥运会是至今唯一一个用价值不菲的艺术品代替奖牌的奥运会。1904 年第三届美国圣路易斯奥运会的闭幕式上，东道主首次为获得前三名的优胜者颁发金、银、铜奖牌。奖牌直径 30 厘米，上面有一个双翅展开的女神像和橄榄枝等图案，并刻有“美国”“圣路易斯”等字样。此外，奥运会除了授予奖牌外，优胜者还可得到奖杯或其他奖品，其中有些是相当贵重的。而奥运会金、银、铜牌这三种奖章沿用至今。

虽然，现代奥运会不再具有古希腊时的神圣意味，竞争也不似那时那般“不是胜利，就是死亡”，但奥运健儿们仍在努力拼搏，因为它不仅仅代表自己的荣誉，同时也代表了一个国家的荣誉。

欧洲字母发明之谜

如今欧洲各国的拼音字母几乎都是从希腊字母和拉丁字母演化而来的。而希腊字母和拉丁字母又是怎样演化来的呢？最早发明这些古老字母文字的人又是谁呢？

人们由此追溯到了腓尼基。

功盖千秋的创造

腓尼基是古代时期的一个城邦国家，在叙利亚沿岸，西临地中海，东接黎巴嫩山，北倚小亚细亚，南连巴勒斯坦。由于腓尼基地处西亚海陆交通的枢纽地区，因此航海和商业特别发达。

在古代，人们把腓尼基称为“腓尼赫”。古希腊人把它称为“腓尼基”，意思是“紫红之国”。这有什么原因吗？

这是因为在当时的埃及、巴比伦、赫梯还有希腊的贵族与僧侣，都喜欢穿紫红色的袍子，可是，这种颜色很容易褪色。后来他们注意到，居住在地中海东岸的人们总是穿着鲜亮的紫色衣服，而且他们的衣服总也不会褪色，就是衣服穿破了，颜色也跟新的一样。所以大家把地中海东岸的这些居民叫作“紫红色的人”，即腓尼基人。

刻有腓尼基文字的泥版

腓尼基人能生产这种绛红颜料也是出于偶然。

相传，有个腓尼基牧人有一次从海边捡回一大堆的海螺，煮好之后，他扔了几个给他的猎狗，猎狗衔了一个使劲一咬，顿时嘴里和鼻子上都溅满了鲜红的汁水。牧人还以为狗嘴巴被螺壳扎破了，急忙用水给它清洗。可是不管怎么洗，狗脸上还是一片鲜红。牧人很奇怪，就拿起海螺壳仔细观察，发现贝壳里面有两块鲜红的颜色。于是他就想到，如果用螺壳里的颜色染布，一定不会掉颜色。于是他捡回一大堆这种海螺，将螺壳砸碎放在水里熬，就熬出了一种紫红色的染料。

从此，那里的人争着到海里去捕捞这种海螺，用它的螺壳做成鲜红色的颜料，再用这种染料来染布。这种紫红色的布受到地中海沿岸人们的欢迎，许多腓尼基人就靠贩卖染料、布匹发了财，他们便逐渐放弃了农业生产，以经商为业。在当时，腓尼基商人的足迹遍及地中海南北各个海港。

腓尼基人也因善于航海而远近驰名。他们曾在 2 600 多年前就进行过环绕非洲的航行，那是人类历史上第一次环绕非洲航行。

据说历史上有一天，埃及法老尼科把几位腓尼基最优秀的航海家召集到王宫里来，下令让这几位腓尼基人去开辟一条新的航线。

尼科法老对这几位腓尼基航海家说："听说你们经常自吹腓尼基人最善于航海，今天你们就从埃及出发，不许向后转，而且海岸始终要在右边进行航行，最后还能回到埃及。如果你们做不到，现在就承认，我不会惩处你们。但是今后你们就不要再吹嘘自己擅长航海了。如果你们能够做到，我一定重赏你们!"

虽然开辟新航道要冒极大的危险，但腓尼基航海家还是勇敢地接受了尼科法老的挑战。几天以后，腓尼基航海家做了简单的准备就驾着三艘双层的划桨船出发了。一晃三年过去了，航海家们毫无消息。尼科法老认定这些大胆的腓尼基人早就在大海中遇难了。

忽然有一天，尼科法老的一个大臣向他报告："报告陛下，三年前出海的腓尼基人现在回来了，正在宫外听令。"尼科法老一听大吃一惊地说："什么？他们还活着？让他们快来见我。"腓尼基人进来后，绘声绘色地将这三年的航海经历详细地讲述了一遍，然后向尼科法老献上了他们沿途搜集到的各种珍奇的东西。尼科法老赞赏地说："腓尼基人真是最优秀的航海家。"最后他重赏了这些航海家。

腓尼基人的环非洲航行，是人类航海史上的一次壮举。因为当时欧洲人一度传说大西洋就是世界的尽头，没有人可以越过直布罗陀海峡。但是腓尼基的航海家们却打破了传说，他们经地中海，进大西洋，一直向北到达英吉利，向南又到达西非，以此来证明了腓尼基人在航海方面的能力。

由于腓尼基人主要从事商业和航海事业，经常要航行到各地去做生意。在做生意记账时，他们觉得当时流行的楔形文字太繁难，因此迫切需要有一种简便的文字作为记载和交往的工具，于是他们就在埃及字母的基础上，创造出用22个辅音字母表示的文字。现在欧洲各国的拼音字母几乎都源自腓尼基字母。关于腓尼基字母的发明，还有一个有趣的故事。

偶然的发现

据说，有一个叫卡德穆斯的腓尼基木匠是个众所周知的聪明人。有一次，他在别人家里干活，需要一件工具，但却忘记带来了。他随手拿起一片木头，用刀在上面划了点什么，然后让一个奴隶送到家中的妻子手里。卡德穆斯的妻子看了木片，就递给了奴隶一件工具。奴隶惊呆了，认为他的主人在用一种神秘的方式，通过木片上的符号表示出了他所需要的东西。传说，卡德穆斯在木片上划的就是腓尼基第一次出现的字母文字。后来许多人都知道了这件事情，都来向卡德穆斯求教。卡德穆斯就将他发明的字母文字教给了其他人。这样腓尼基字母就逐渐传播开来。

乌加里特古城是最早使用腓尼基字母的腓尼基城市。此城大约于公元前4000年前后修建，在公元前1400年时，在一场地震中被摧毁。

乌加里特古城被地震摧毁以前，是一座名扬天下的“国际性城市”。当时城里有来自四面八方的各行各业的人。现在考古学家们在这里发现了许多用楔形符号写的字母文字泥版。从1930年至今，学

者们已经陆续读懂了用30个楔形符号写成的乌加里特楔形字母文字的泥版，其中包括不少乌加里特的诗篇。

考古学家们还在这里发现了一本被认为是世界上第一本有字母文字表的《识字读本》。后来在腓尼基南北通用的由22个辅音所组成的字母，就是从乌加里特的字母演化而来的。

后来，古希腊人又在腓尼基字母的基础上创造了希腊字母。随后在希腊字母的基础上，又形成了罗马及其周围地区拉丁人使用的拉丁字母。如今欧洲各国的拼音字母几乎都是从希腊字母和拉丁字母演变而来的。

综上所述，如果说腓尼基古城乌加里特的字母文字是欧洲国家字母文字的始祖应该是当之无愧的，而腓尼基人也就成了欧洲最早使用字母文字的人。

孔雀帝国之谜

公元前324年，印度建立了统一的王朝。因新国王旃陀罗笈多出身于一个饲养孔雀的农民家族中，故称这个王朝为孔雀王朝，又称孔雀帝国。

古印度帝国

印度的历史，不同于其他国家，它所关注的是如何将哲学中的永恒真理作以清楚的显示。尤其是印度文明认为物质的世界最终只是空，因此，印度的历史中总是掺杂了神话和想象。所以人们常常从外国的历史中来探求印度的历史。

孔雀帝国是印度历史上出现的第一个帝国，它标志着印度从宗教运动转向政治发展。

如果说在中国是长期的帝国统一穿插着短暂的分裂，那么在印度则恰恰相反——是短暂的统一和长期的分裂。也就是说印度的统一是短暂的，而且这种统一只是文化的统一而不是政治的统一。印度文化强调的是忠于社会秩序而不是忠于国家，正如种姓等级制度的地位比任何政治制度都要高一样。

当雅利安人迁居到恒河流域的摩揭陀王国时，西北地区因为同波斯文明有着密切联系，便日益与印度其他地区分离。大约公元前518年时，大流士皇帝的控制范围已越过兴都库什山脉，将旁遮普西部纳入其帝国成为第二十块辖地。波斯人的入侵，让印度河流域文明的历史再次成为一

个无法解开的谜，一直到两个世纪以后，也就是公元前 327 年亚历山大到来的时候。

在当时的印度文献中，到现在还未曾发现有任何提及亚历山大的资料。而亚历山大的同伴们留下的有关印度的资料，也未全存留下来，只有其中的部分见闻在其他的著作中有凤毛麟角的保留。这些文字记载了港口、买卖的商品、城市的外观、土著的服装以及诸如一夫多妻、种姓法规和死人火葬等怪异的风俗。这些注重事实的叙述在历史学家和地理学家的著作中却用讲故事的形式说出来，这就大大增加了这些印度史实的趣味性，比如说什么有身高 3 米多、肩宽却接近 2 米的人，靠蒸汽维持生命的无嘴人，下铜球的雨，恒河里将近百米长的蛇形鱼，等等。

亚历山大的入侵是一场非常迅猛的袭击，似乎他的本意并不是永远侵占。他在印度仅驻扎了两年，而且在他去世不到十年的时间里，旁遮普的希腊政权就完全消失了。但是，他发动的战争却对印度后来的发展有着重大影响。亚历山大的陆海军在增加陆海商路方面所作出的贡献是较有实效的。其中有一条从印度西北部经阿富汗和伊朗，然后通达小亚细亚和地中海东部诸港的商业贸易线，在这个时候获得了迅速发展。而亚历山大在整个中东建立的希腊殖民地无疑也为这一贸易作出了不可估量的贡献。

对印度的历史来说，最重要的是亚历山大在印度西北部废除当地的几个王国和共和国，从而造成这些政治真空地带。旃陀罗笈多迅速填补这一真空，建立了孔雀帝国。

王国的创立

亚历山大撤离三年后，也就是公元前 322 年，旃陀罗笈多当时还是一位野心勃勃的青年将领，他得到了摩

揭陀国难陀王朝的王位，建立起他自己的王朝。在随后几年里，他稳步地向西北方扩大了自己的统治疆域，直到他的帝国范围从恒河流域扩展到印度河流域，同时跨越了包括这两条大河的三角洲地区。与此同时，他又组织了一支强大的军队以及一个有效的政府来统治他的国土。作为亚历山大继承人之一的塞琉古成为中东的国王后，曾经想要重新获得亚历山大统治过的印度地区，但是旃陀罗笈多轻而易举便击退了这支希腊军队。

公元前 304 年，塞琉古被迫求和，把印度地区让与孔雀皇帝，同时还将一位希腊公主嫁给他。孔雀皇帝回赠了五百头象，塞琉古利用这些象，成功地击退了他在希腊世界中的对手。塞琉古与孔雀皇帝的和好标志着孔雀帝国已成为当时的一大强国。

有一位名叫麦加斯梯尼的希腊使节，曾在孔雀王朝的首都华氏城住过好几年，他留下的著作已成为很有价值的资料。从他的著作中，我们得知旃陀罗笈多的儿子宾头沙罗（约公元前 298 年—前 273 年）征服了德干，而他的孙子，即著名的阿育王（公元前 273 年—前 232 年）则征服了羯陵伽，即印度东部。所以，在阿育王的统治下，孔雀帝国包括了除南端以外的整个印度半岛。

阿育王统治时的孔雀帝国应该算得上是一个“美好的国家”：在铺筑良好的公路上，商人、士兵、王室信使和行乞的托钵僧熙熙攘攘，热闹非凡，车辆也非常多。这样一来就需要制定正式的公路法。而对东海岸羯陵伽的征服则使贸易更加繁荣，成立了专门的海事部门维护航道和港口。保存在寺院的题词都体现出向寺院捐款的商会和行会的富有。被称为“花城”的首都华氏城，凭借公园、公共建筑物、河边地和良好的教育制度而闻名世界。

社会的高度繁荣，又会促使它成为一个高效率的、严厉的、官僚政治的社会。法律是无情的，维持秩序的手段是严苛的。

阿育王的统治显示出传统型的帝国统治已发生了根本而独特的变化。他在以特别残忍的战争征服羯陵伽王国之后，内心有了一番痛苦的变化，这从他刻在岩石上的第十三条敕令中可以看到。

15 万人作为俘虏被带走，10 万人被杀死。作为诸神所爱的羯陵伽的征服者，现在感到很懊悔，感到深深的悲伤和悔恨，因为征服一个以前未被征服过的民族，包含着太多的屠杀、死亡和放逐。……即使那些躲过灾难的人也由于他们始终热爱的朋友、熟人、同伴和亲属所遭到的不幸而极度痛苦。因此，所有的人都承受着不幸，而这些，使阿育王的心情十分沉重。

因此，后来阿育王全力促进和实现佛陀的教义。他致力于建立一个“安全、理智、所有人内心都很平静、温和”的未来。他效仿波斯的统治者，将自己的敕令刻在岩石、山洞和专门建造的柱子上。这些敕令虽然是正式法令，却更具有国家训诫的性质。它们几乎都包含着一个思想，告诫人们发扬伟大的美德——朴素、同情、相互宽容和尊重各类生命。显然阿育王并不是首先考虑国家利益，他更关心的是人民。因此，他兴办了许多并不具有经济利益的公共事业——医院和国家公费医疗，一些果园和休息场所，并向各个教派分配施舍物，派佛教传教团去外国。

阿育王是个开明的君主，并不像君士坦丁。他不仅没有将佛教定为国教，而且还兼容了很多教派。不仅如此，他还给予婆罗门和耆那教慷慨的捐助，资助各教各派的杰出人士。这与其说是宗教上的变革，不如说是一种心理上的变化。他强调宽容和非暴力主义，以宽容和非暴力主义来促进他那庞大且复杂的帝国日益和谐。历史证明阿育王的统治方式是很成功的，可以看到在他长达41年的统治中，他得到了人民的拥护和爱戴。但是，在他去世后的半个世纪，他的王朝便被推翻，他的帝国被消灭。

释迦牟尼在菩提树下大悟成佛

文化的统一和政治的统一有时是互相抵触的，印度文明往往在一个范围里增进了统一的文化，却又在另一范围里破坏了政治的统一。而这已成为到目前为止的印度历史的一个模式。

多诺拉蒂科伯爵吃人之谜

《神曲》的意大利文原意是《神圣的喜剧》。是意大利诗人阿利盖利·但丁写于1307年至1321年，全诗为三部分：《地狱》《炼狱》和《天堂》，每部由33首“歌”组成，加上全书的序曲，总共有一百首歌之多，共计一万四千多行。

中世纪时期，意大利在神圣罗马帝国的管辖范围之内。由于新兴的德意志帝国皇帝和教皇之间的利益冲突，从而导致了激烈的斗争，整个欧洲出现了两大敌对的政治派别：奎尔夫派和吉伯林派。这场斗争在12世纪蔓延到了神圣罗马帝国统治下的意大利。据史书记载，当时的乌戈利诺家族是意大利托斯卡地区最重要的贵族之一，领地范围直达比萨附近。乌戈利诺属于支持教皇的奎尔夫派。1284年，属于奎尔夫派的乌戈利诺担任比萨城首席执政官，在成为比萨的执政官后，比萨和吉伯林派控制下的热那亚之间发生了一系列激烈的战争。不幸的是，比萨舰队被热那亚舰队全部歼灭。1289年，比萨大主教鲁杰里·德利·乌巴尔迪尼以海战失败、教帅不利为由，指控乌戈利诺，后来乌戈利诺被判叛国罪，鲁杰里·德利·乌巴尔迪尼将乌戈利诺和他的两个儿子以及两个孙子关在了一座高塔里，企图活活饿死他们。在乌戈利诺等五人死后，人们发现乌戈利诺孩子的尸体上有被咬啮过的痕

迹。而著名诗人但丁在他的著作《神曲》的“地狱篇”中，描述多诺拉蒂科伯爵乌戈利诺·德拉·盖拉尔斯因忍受不了饥饿而啃噬自己儿子的肉，以求苟且活下来。《神曲》“地狱篇”中是这样描写的：“乌戈利诺的孩子们情愿让他吃了自己也不愿意再忍受痛苦，他们对乌戈利诺说，如果他能吃了自己，反而能减轻自己的痛苦。”大雕塑家罗丹根据这段故事创作了一座雕塑：饥饿的乌戈利诺痛苦地俯下身子，趴在自己儿子的尸体上，费力地啃咬着。从此，这位死于13世纪末期的意大利贵族背上了魔鬼的恶名，而乌戈利诺因饥饿吃自己儿子肉的故事也就这样流传了下来。

乌戈利诺真是一个吃人恶魔吗？他真的只为能苟延残喘连自己的亲骨肉都痛下杀手吗？当他啃噬自己儿子的肉时，他的心情又是怎样的，是悲痛欲绝还是已经麻木不仁呢？最近一次的考古调查似乎使这件事情出现了转机。

不久前，有考古学家在比萨城圣弗朗切斯科教堂的乌戈利诺家族墓地中发现了一处秘密墓冢，在这处墓冢中找到了5具遗骨。经初步证实，这些遗骨应该属于乌戈利诺和他的家人。目前，专家们正准备拿这些遗骨与在世的乌戈利诺伯爵后人的脱氧核糖核酸作对比，乌戈利诺的后人积极地参与了整个测试过程，与祖先同名的乌戈利诺·德拉·盖拉尔代斯卡说：“我们一直不相信我们的祖先乌戈利诺伯爵为了能活下去而吃自己的孩子，我们相信乌戈利诺孩子尸体

油画作品《但丁与神曲》

上的咬痕很可能是老鼠干的。我们希望能够还我们祖先乌戈利诺以清白，不希望自己的祖先因为但丁《神曲》中所描述的内容而蒙受700多年的耻辱，我们决定在真相公布于世的时候，让先人的遗骨正式入土。”

但丁半身铜塑像

意大利著名古生物学家弗朗西斯科·马莱尼在对遗骨进行对比分析后，得出了一系列结论，他对一直流传的乌戈利诺吃人事件的真实性十分怀疑。马莱尼教授肯定地说：“这些遗骨是属于乌戈利诺和他家人的，对于这一点我有98%的把握，而且初步的骨骼和土壤分析已经证实，遗骨的年代和数量以及死者的性别特征都与乌戈利诺和他家人的情况完全吻合，更具有说服力的证据是一卷与遗骨同时挖掘出来的名册，上面清楚地注明这是乌戈利诺和他两个儿子及两个孙子的遗骸。据马莱尼教授解释，人体的一些遗骨，例如肋骨，可以记录人在临死前几个星期的营养状况；而其他的一些遗骨，例如腿骨，有着更长久的记忆，可以记录人临死前几个月的营养状况，如果将两种结果进行比较分析，就能得出乌戈利诺临死前吃的到底是什么东西，是否忍受了饥饿。众所周知，所有的囚犯在被监禁时身体都会极度营养不良。因为他们只能吃到质量极差的食品，通常是面包。研究表明乌戈利诺和他的子孙吃的面包里混有小石子，对于和他们这些生来就从未受过半点苦的贵族来说，这些食品大大损坏了他们的牙齿。而且从遗骨研究中发现，但丁故事里面所写的乌戈利诺的年龄与实际不符，据科学推测，乌戈利诺当时在75岁到80岁左右，在乌戈利诺被关进塔里时，他已经将近80岁了，应当老得不剩几颗牙齿，而当时那个年代的人不可能给自己装上假牙，所以就算乌戈利诺当时真有吃人的想法，近80岁高龄的他想咬动尸体，也是一件不太可能的事情。乌戈利诺的家人的年龄也与但丁所描述的年龄有差距。根据存档资料显示，乌戈里诺的孙子在被关进塔里时已经是一个成年人，他其中一个孙子实际上已经做了父亲。但是但丁的书上写他的孙子当时处于幼年时期。在那样艰难的生活条件下，一个年近80岁的年迈老人且当时他的健康状况很不稳定的状况下，如何能够比40多岁的儿子和20多岁的孙子活得更长久呢？此次研究还发现，被监禁的祖孙5人都有不同程度的营养不良，但最终导致他们死亡的原因是他杀。研究发现乌戈里诺的头部曾经受到袭击，也就是说乌戈利诺的真正死因是在被囚禁了5个月后头部遭受了“致命一击”。但现在还不能肯定地说他的死因到底是什么。马莱尼教授现在已经根据挖掘到的遗骨为乌戈利诺塑造了一尊头像，那枯槁的脸部似乎在向人们诉说着他的委屈。

那么为什么但丁要在他的《神曲》中留下这样的描写，把乌戈利诺刻画成一个在人们心目中十恶不赦的无耻之徒呢？

在意大利历史上，多诺拉蒂科伯爵乌戈利诺算得上是一个悲情人物。可能但丁这样描写他是为了从一个凄惨、戏剧的角度来刻画了一个悲情人物，但丁想使整个故事情节发展得更加尖锐。也许但丁更想表达的是正是那些逮捕乌戈里诺的人促使乌戈里诺做出了这些恐怖的事情，而不是把着重点放在乌戈里诺吃了他的后代上。虽然书中所述可能不是真实的，可但丁的《神曲》依然是不朽的篇章，在世界文学史上处于重要地位，关于这一点人们毋庸置疑。

文艺复兴的代表人物但丁塑像

目前，人们正密切关注着这件事的进展，正在等待DNA的检测结果。相信历史最终将被改写，乌戈里诺在世的后代也能得到一丝慰藉，在经历了700多年的争议后，乌戈里诺能最终得到安息。这段尘封了700多年的历史将被每一个了解此事的人铭记心中。

牛顿精神失常之谜

“毫无疑问，我们所看到的这个世界，其中各种形式是如此绚丽多彩，各种运动是如此错综复杂，它不是别的，而只能出于指导和主宰万物的上帝的自由意志。”

——见《牛顿自然哲学著作选》第158页

英国科学家艾萨克·牛顿（1642年—1727年）是世界著名的近代数学家、物理学家、天文学家和自然哲学家，力学奠基人，其研究领域包括了物理学、数学、天文学、神学、自然哲学和炼金术。他被誉为人类历史上最伟大、最有影响力的科学家。

可以说牛顿的一生是充满智慧和创造的一生，但是谁也料想不到聪明程度不是一般人所能比拟的牛顿。竟然在他50岁至51岁这一期间，曾精神失常，直到两年后才逐渐恢复了正常。为什么牛顿会突然精神失常呢？致病的原因又是什么？发病之前是否有某些预兆呢？在牛顿死后的200多年来，科学家们不停地对牛顿发病原因提出了各自的见解，可谓是众说纷纭，莫衷一是。归结起来有如下几种观点：

一、牛顿由于身体劳累、用脑过度，从而引发了精神失常。大部分人都持这种观点。持这种观点的人认为牛顿由于处于连续不断的极度紧张的工作中，导致用脑过度，使他未老先衰。事实证明，中年时候的牛顿须眉毛发就已经全白了。而头发的这种异

英国科学家艾萨克·牛顿正在做实验

常变化是某些疾病的先兆，诸如植物神经功能紊乱等一些慢性病就是常以头发变白现象为预兆的。而且据史料记载：1687 年 7 月，《自然哲学的数学原理》这部划时代的作品问世，牛顿在进行这项伟大的研究工作时，经常夜以继日地持续工作。“很少在夜间两三点钟以前睡觉，有时一直要工作到清晨五六点钟……特别是春天或落叶时节，常常六个星期不离开实验室，不分昼夜，炉火总是不熄……”从这段记载中，人们可以看出牛顿的身体应该处于超负荷状态，而一般人到了五十岁，身体状况会走下坡路，抵抗力和免疫系统下降。牛顿的身体承受不了这种高强度的研究工作，最终导致压力过大而精神失常。所以牛顿之所以会在 50 岁至 51 岁时突然患精神失常疾病，并非偶然，而是他长期极端紧张工作、用脑过度而造成植物神经紊乱的结果。

二、牛顿由于某些心理因素，从而引发了精神失常。有人觉得牛顿的致病原因是非生理性的，而是在外界的强烈刺激下所引起的心理异常反应的结果。牛顿在 18 岁就进入了著名的剑桥大学学习，很快就在科学界崭露头角，成为科学界的新秀，他凭借出色的才华得到了很多科学界前辈的赏识与教导，在科学道路上可谓是一帆风顺的。但是 1677 年，他一向非常依赖和敬重的恩师巴罗和一向爱护关照他的皇家学会干事巴格相继去世，这使他悲痛至极，他证明万有引力定律的研究工作曾一度被迫停止。在 1689 年时，他又被选为英国国会议员。来到了灯红酒绿的伦敦后，他再也不能像以前那样待在安静的实验室里进行各种研究，他开始忙于各种上流社会的交际应酬，奔波于各个交际场所而无暇进行研究工作。同时这种应酬很快就使他捉襟见肘，经济陷入困境之中，经多方努力还是无法摆脱困境。最后，他只得闷闷不乐地回到了剑桥大学。在这一年里又

发生了两件事情，对他的精神产生了极为不利的影响，使他的精神处于崩溃状态。一件是他母亲的逝世，母亲的逝世对他的打击非常大，使他陷入痛苦的深渊，在此后相当长的一段时间内，他都一直精神不振。牛顿对于自己母亲的逝世感到非常愧疚，他认为自己身为一个儿子却没有尽到应尽的孝道，没有让母亲在活着的时候过上安稳舒适的生活，这都是他的错。另外一件是他多年的著作手稿被烧毁。在牛顿办完母亲的丧事回到剑桥大学后不久的一天早晨，当他从教堂做完祈祷回来，竟发现燃尽的蜡烛已经将他书桌上摆放的有关光学和化学的手稿及其他一些重要论文都烧成了灰烬。其中《光学》是他一生中仅次于《自然哲学的数学原理》的最重要的一部著作，堪称一部科学巨著，也是他花费了近二十年的时间辛勤研究的结晶，这凝聚了他二十年心血的著作就在一个平凡的早上被一根蜡烛毁掉了。对此，牛顿懊悔不已，为此事几乎一个月食不下咽、昼夜不宁。他不得不重新整理《光学》手稿，至于《化学》他却再没有精力去整理了。此外，当时的牛顿还面临着诸多的外界压力，面临着论敌的攻击，使他承受着极大的压力。当时的宗教分子和科学分子攻击他是一个拥有一流神学，三流科学的科学家。有人因他孝顺母亲终身未娶妻子，就攻击他心理不健全，是个有恋母情结的怪胎。有人甚至说他有同性恋倾向，喜欢自己的学生。而这一系列的打击终于导致了牛顿精神失常。

三、牛顿由于水银中毒，从而引发了精神失常。1692 年，50 岁的牛顿表现出了严重的心理疾病、严重的迫害狂幻想、明显的精神错乱。证据是：1693 年 9 月 16 日，牛顿曾给哲学家洛克回信时说道：

牛顿与苹果

“先生：我认为你竭力用女人和别的手段来纠缠我，我的感情大受影响，以致当有人告诉我你有病，将不能活时，我回答说，最好你死掉……”有人认为牛顿患了严重的精神分裂症，他们推测这大概和牛顿迷恋炼金术有关，因为炼金术的书籍中有多处提及了水银，牛顿一定是因为天天接触水银，导致水银中毒从而引发了严重的心理疾病和严重的精神分裂症状。在1978年第二次学术国际讨论会上，有些学者坚持声称他们利用现代的科技手段终于找到牛顿精神失常的原因。有两位研究牛顿生平的学者，曾获取了牛顿留下来的4绺头发。在使用现代的中子活化、中子衍射等先进科学技术的情况下，对这4绺头发进行了综合分析后，他们竟然发现牛顿头发中含有高浓度的有毒微量金属元素，其含量高出正常人的许多倍，尤其是水银的浓度，在他体内的积蓄量是正常值的20倍。由此可以断定：由于牛顿长期进行物理、化学等一系列实验，经常暴露在一些有毒金属的蒸气中，长期接触汞而导致了水银中毒，所以他的精神失常正是由于金属中毒，很大程度上是因为水银中毒而引起的。此学说一经提出就遭到了一些人的质疑，以美国科学家狄士本为代表的一部分学者对上述推测持怀疑甚至否定的态度。他们的理由是：首先，现在人们根本无法证明这四绺头发是牛顿精神失常时期留下的还是他正常时期留下的，而且根据科学研究，人在不同时期的头发，所含微量金属元素的种类和数量也是不同的。牛顿除了在1692年至1693年患精神失常外，其他任何时期从未发生过此病，所以无法断定头发的年代，也就无法推测他患精神失常的原因。其次，人头发中所含的微量元素会受不同环境因素的影响而发生变化，而牛顿的这四绺头发分别保存在不同的地区、不同的环境中，经历了近300年之久，在漫长的时间里，遭受到不同外来环境因素的干扰与影响，也可能吸收了外界中其他有毒物质从而发生了变化。

四、牛顿由于患有名为阿斯佩吉综合症的孤独症，从而引发了精神失常。这是近年来一些英国科学家提出的新看法，他们认为牛顿这位著名的科学界泰斗可能患有一种名为阿斯佩吉综合症的孤独症。这种疾病是1944年由维也纳内科医生汉斯·阿斯佩吉发现的，这种疾病可能会造成患者在社会交往和沟通等方面能力的欠缺，但并不影响学习能力或智力。在现实生活中，不少患有这种疾病的人在某一方面均拥有超人的天赋和能力。此后，英国剑桥大学和牛津大学的几位科学家对牛顿的性格进行了分析对比，以了解牛顿是否具有阿斯佩吉综合症的症状。研究结束后，他们在《新科学家杂志》上撰文称："牛顿看起来是一个典型的患者病例，他很少说话，如此专注于他的工作以至于经常忘记了吃饭，而与仅有的几个朋友之间的关系也是不温不火，甚至有时会无缘无故发脾气。"科学家巴龙·科恩表示："即便是患有孤独症的人也是会有感情的，如爱情和亲情，以及友情。大多数患有阿斯佩吉综合症的病人最明显的症状就是无法与他人进行随意的聊天，事实证明牛顿很缺乏这种能力。"但是也有人为牛顿进行了辩护，美国加利福尼亚大学的精神病学家吉伦·埃利亚特表示，大多数的天才在一般人看来都略显木讷，在社交方面会显得有些笨拙，不善于和人交谈，而且在与他人交往时有时会表现得不耐烦，但这并不一定证明他们患有孤独症。埃利亚特还说："这样的天才可能无法容忍其他人大脑反应速度太慢，或是他们的自恋情节以及他们的人生使命感很重，这些因素都使得他们更加孤僻和难以与他人交往。"

在200多年里，众多的科学家对牛顿精神失常的原因进行了长期的探讨和研究，但时至今日，他们还是各持己见，争论不休。虽然提出了众多的猜测与论点，但至今仍没有一个科学的、令人信服的解释。

莫名的核爆炸

1984年，在太平洋的上空发生了一起神秘的核爆炸事件，这场核爆炸给人们留下了众多难解的谜团。这场莫名的核爆炸究竟是因何而发生的？目前人们还一无所知。

起初最先发现这场爆炸的是日本航空公司的一架班机，1984 年 4 月 9 日晚，一架班机从东京成田机场起飞，飞往美国阿拉斯加州的安科雷季。可就在飞机即将到达安科雷季的时候，一件奇怪的事情发生了：在这架日本班机的前方出现了一团巨大的蘑菇云，其高度达一万米左右，巨大的蘑菇云不断地向四周扩散，将夜空照得十分明亮。班机的驾驶员认为，这团巨大的烟云不像是夏天常见的积雨云，倒像是核爆炸时出现的蘑菇云。这架班机的驾驶员立即向地面飞行控制中心报告这一事件，并避开了这团巨大的蘑菇云。无独有偶，就在当天晚上，一架从荷兰航空公司起飞的班机的成员，也亲眼目击了这个巨大的蘑菇云。目击这一蘑菇云的还有这天

晚上飞同一航线的另外两架飞机的乘员。

消息一经传出，美国的有关当局马上进行了分析，即对这些飞机和所有乘客进行了放射性污染的检查。但是检查结果表明，没有发现任何迹象说明此地有放射性污染。据当时气象部门提供的资料，当天该海域也没有进行任何核试验，更没有火山爆发，而且在发现蘑菇状烟云时，该海域上空也不可能形成积雨云。

不久，日本和美国的有关部门相继对事发的地点进行了调查，对大气尘埃也进行了分析，他们发现此地尘埃的放射性强度比其他地区要高出许多倍。这一结论可以明确表明，当时的巨大蘑菇云很可能就是因为一场核爆炸而造成的。可究竟这场核爆炸是因何而发生的？是不是某个国家的核试验？人们不得而知。

这一核爆炸使人们不由得就想到了1979年在非洲大陆西南部发生的一起类似事件。1979年9月22日，美国间谍卫星在非洲大陆西南部海域拍摄到了一次猛烈爆炸的照片，从照片上的强光分析，这很可能是一次核爆炸。这场核爆炸只持续了几秒钟，可是令人奇怪的是，当时已拥有核武器的国家根本不可能在距离本土这么遥远的地方进行核试验。那这场核爆炸又是因何而发生的呢？

自古以来这样莫名的核爆炸频繁发生，这究竟是怎么回事？人们也是众说纷纭，但各种理论都很难自圆其说。只有一点人们可以肯定，那就是这样莫名的核爆炸还会发生，希望下一次我们能揭开这莫名的核爆炸之谜。

海上幽灵“贝奇莫”号之谜

世界上有些东西好像专门和人们在玩捉迷藏的游戏，它时隐时现，毫无踪迹可寻，人们无法理解这种事件。加拿大制造的一艘重1 300吨的捕鲸船“贝奇莫”号就是这么一个神奇的物体。

埃德·康沃尔是“贝奇莫”号的船长，他介绍说：这座船于1921年开始制造，船上共有16名极富航海经验、善于化险为夷的船员。那么“贝奇莫”号现在在哪呢？没有人能说出它的具体所在位置，但是人们可以肯定地说它还存在于这个世界上，还在茫茫的大海中自由漂荡。在历史的记录中，“贝奇莫”号曾经有好多次从不可思议的地方消失不见而在其他地方出现，而这艘船根本就没有人驾驶。

“贝奇莫”号第一次消失是在1931年10月，当时船上还载有价值上百万美元的毛皮朝着美国阿拉斯加的海岸进发。当它快要到达阿拉斯加的温特岛的时候。一场持续了好几个小时的暴风雪突然袭来，漫天飞舞的雪花在瞬间便把整个海面上覆盖了一层厚厚的“棉被”，气温在这个时候开始骤降。结果，“贝奇莫”号的周围因为都变成了坚硬的冰冻世界，所以根本

无法移动半步。康沃尔船长仔细检查了船只，并没有发现船身有任何毁损。船员们一致认为不能再继续航行了，否则船身会有被冰块撞破的危险。于是，船员们在船长的命令下离开了“贝奇莫”号而去一块浮冰上建立营地，当然他们随身携带了足够的食物以及生活用品。谁知道第二天奇怪的事情发生了：有船员在第二天早上准备去“贝奇莫”号上面取东西的时候发现它不见了。船员们听到这个消息真是百思不得其解：“贝奇莫”号到底是如何摆脱结实的缆绳，冲开层层冰块而神秘地失踪的呢？首先，这不可能是人为的，否则当船发动时肯定会惊动这些经验丰富的水手的。再说，人为冲破冰块的阻碍是件非常困难的事情，需要花费大量的时间，短短的一个晚上怎么可能完成呢？失去船只之后的水手们便在船长的带领下去寻找因纽特人的村子。他们很幸运，在一个村子里面他们竟然听到了有关“贝奇莫”号的消息。据当地一名猎人介绍，有一只船孤零零地停泊在这个村子西南方大约四十五海里的地方。于是船员们立刻乘着狗拉雪橇，在猎人指点的地方找到了“贝奇莫”号。为防有变，船员们卸下了大部分货物，准备第二天再重新检查船只，结果第二天，船员们看到的只是空空荡荡的结了冰的海面，“贝奇莫”号连影子也没有了，而冰层依旧结成整块。船员们都觉得这是神灵在帮助“贝奇莫”号，因为它竟然能从一片坚硬的冰块中自由出来而不被人们发现，船员们没有心情

在村子里面待下去了，只好搭乘别的船只回到了国内。

那么“贝奇莫”号到底去了哪里呢？还有没有人发现它的踪迹呢？回答是肯定的。人们发现“贝奇莫”号的次数还不止一次，但是遗憾的是，没有人能把它带回它的家乡温哥华。它再次映入人们的视野是在1932年的4月份，一批考察人员在赫斯谢尔岛附近的洋面上看见了“贝奇莫”号，但奇怪的是当时船上并没有人，它也没有遭到任何的毁损，驾驶台完整无损。由于考察人员没有足够结实的缆绳可以拖得动这艘1 300吨重的捕鲸船。只好返回陆地，可是就在第二天，“贝奇莫”号又神秘地不辞而别了。

1933年，“贝奇莫”号又出现在了人们的视野中，发现它的多名因纽特渔民登上了“贝奇莫”号。但是等待他们的是一场迅雷不及掩耳之势的暴风雪，接着“贝奇莫”号开始发狂似地在海上漫无目的地漂移着。最后，束手无策的因纽特人只能潜下水爬上一块浮冰，才返回陆地。

在接下来的1934年、1939年、1946年，人们又数次在海面上发现了“贝奇莫”号的踪迹，但是遇到的情况和因纽特人所遇到的差不多，只能悻悻而归。

因为以上经历，“贝奇莫”号成为一个无法解开的谜团，人们便开始称它为“海上幽灵”。人们也只能寄希望在未来可以让这个“海上幽灵”现出真面目。

伊甸园觅踪

也许，伊甸园唤起了人类对文明的肇始和历史的源头一丝本能的追忆，对伊甸园的寻觅，是人类对自身从何而来充满好奇心的探究，亦或是因为当今社会的喧嚣浮躁、尔虞我诈，使人们更加怀念并憧憬伊甸园的怡静安宁和与世无争。

伊甸乐园

《圣经》中叙述了一个无比美好的伊甸园，那里是人类的始祖亚当和夏娃居住的乐园。据《圣经》记载，上帝创造了人类的祖先亚当、夏娃，并在伊甸为他们建造了一个乐园让他们居住。那里山环水绕，风景秀丽，鸟语花香。亚当和夏娃在伊甸园快乐地生活着，但是有一天他们在蛇的引诱下偷尝了禁果，于是被震怒的上帝逐出伊甸园，从此开始遭受各种痛苦和磨难。自从《圣经》问世以后，“伊甸园”就成了西方人类文明起源的象征。

寻找伊甸园

古人类学家和宗教界人士认为，伊甸园的真实存在地需要具备

三个条件：一是人类最早的发祥地；二是有温暖湿润的环境气候；三是有远古人类文明。显然，伊甸园已成为人类最为理想的发祥地和居住地的象征。那么，伊甸园到底在哪里呢？人们寻遍了非洲、美洲、欧洲、亚洲的高山、峡谷、平原、大海，并利用现代先进的科技手段考证历史、文物，收集大量传说，但都未能够真正触及伊甸园的神秘踪影。

《圣经·创世纪》中记述，从伊甸园中有河水流出，有4条支流——幼发拉底河、底格里斯河、基训河和比逊河。有些学者根据这些线索开始探寻。但是，学者们遇到的一个难题，《圣经》中所说的四条河如今只剩下两条，而人们一直无法确定比逊河和基训河在哪里。

两河流域的人类家园

美国密苏里大学的扎林斯教授经过长期的考证后认为比逊河位于沙特阿拉伯境内，但因地理气候的不断变迁，那里现在已成为广袤沙漠中一条干涸的河床；基训河应该是现在发源于伊朗、最终注入波斯湾的库伦河。据此，扎林斯推断，伊甸园应该是位于波斯湾地区四条河流的交汇处，大约在最后一次冰川纪后，由于冰川融化使海面升高，伊甸园也就沉入波斯湾海底。如果真有所谓的伊甸园，扎林斯之说是符合逻辑的，也最为靠近《圣经》中对伊甸园地理环境的描绘。被古希腊人称为“美索不达米亚”的两河流域，是人类早期文明的发祥地，也是人类最早生息的地方。

考古学家还发现，苏美尔（今伊拉克境内的上古居民）神话与《圣经》故事有些地方很相近，它们的造物神话都说人类是用黏土捏成的。楔形文字中也有“伊甸”和“亚当”等词，苏美尔神话中同样有一片没有疾病和死亡的乐园，在那里水神恩奇与地母女神宁胡尔萨格幸福地生活着。后来，恩奇偷吃了宁胡尔萨格造出的8种珍贵植物，宁胡尔萨格非常生气，就离开了丈夫。不久，恩奇身体的8

个部位患病，宁胡尔萨格不忍，又造出 8 位痊愈女神给丈夫疗伤，其中有一个名叫“宁梯”的肋骨女神，又称“生命女神”。而《圣经》中的夏娃就是上帝用亚当身上的一根肋骨造的，夏娃也是人类之母，与“生命女神”有相通之处。

不同的声音

关于伊甸园的推测还有很多，有的人认为伊甸园在以色列，有的人认为在埃及，有的人认为在土耳其，还有人认为在非洲、南美、印度洋等地。有学者提出，如果 4 条大河是从伊甸园中流出的，那么伊甸园的位置肯定在幼发拉底河和底格里斯河流域的北面。因此，他们一致认为这块神秘的乐土位于土耳其北部的亚美尼亚。不过这一理论是假设比逊河和基训河不是确切的地理河流，而只是对遥远国度的一种模糊的艺术写法。

还有一些学者则提出伊甸园位于以色列，他们认为是约旦河流入伊甸园后又分为 4 条支流，基训河应该就是尼罗河，而哈维拉就是阿拉伯半岛。这一理论的某些支持者认为耶路撒冷的莫利亚山就是伊甸园的中心，伊甸园的范围包括整个耶路撒冷、巴基利姆和奥利维特山。

但是认为伊甸园位于埃及的学者提出，只有尼罗河流域才符合《创世纪》中关于伊甸园的描绘——这是一片水源丰富的乐土，但是水不是来自天上，而是从大地中冒出的水雾。实际上，尼罗河在到达第一处瀑布之前，恰好是在地底下流淌的，然后才从泉眼里流出地面。

现在，学者们又几乎同时把目光集中到位于东方的中国，因为中国是世界上有着数千年文明历史且文明从未中断的古国。

不懈的追求

人类对伊甸园的寻觅，是人类对自身从何而来的探究，同时反映出人类对始祖的一种认同感。虽然在崇尚科学的今天，“创世纪”说早已让位于“生物进化论”，但是，有关伊甸园、亚当和夏娃等的话题仍不断被提起。伊甸园的有无，以及它到底在哪里都不重要，重要的是，伊甸园已成为人类心灵的栖息地和精神图腾的代名词。而且，对伊甸园的追寻一定会继续进行下去，有关伊甸园的话题也将永远地与人类如影相随。

人体未解之谜

RENTI WEI JIE ZHI MI

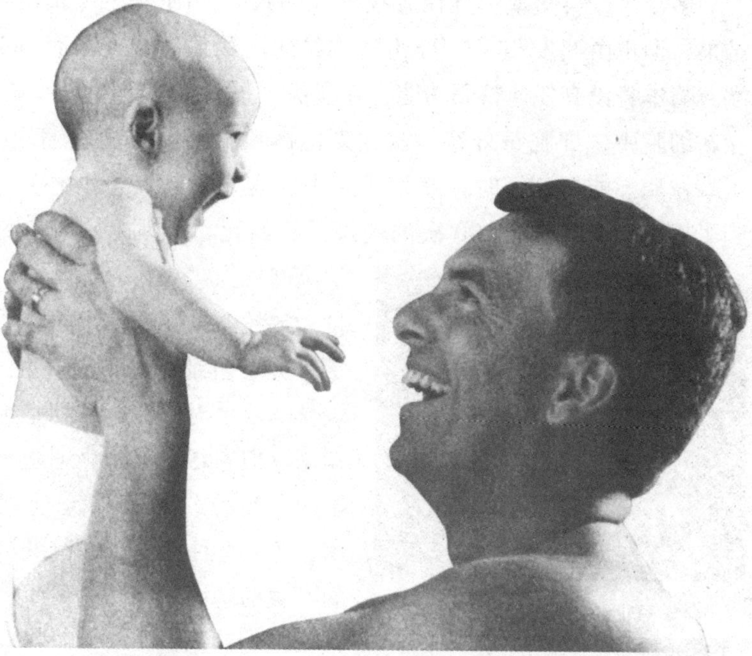

“长生不老”的科学探索

在世界上，“长生不老”似乎一直存在于古代神话中。千百年来，上至帝王，下至黎民，无不希望长生不老、颐养天年，但这却只是一种幻想而已。如今，随着现代科学技术的迅猛发展，科学家们对这个横亘于人类社会文明史的千古遗梦进行了有益的探索，并且已经取得了一定的成果。

生命时钟

多年来，科学家一直在寻找导致细胞死亡的基因，却始终没有结果，但也由此发现了一种叫作端粒酶的物质存在于染色体顶端。端粒酶本身没有任何密码功能，它就像一顶高帽子置于染色体头上。在新细胞中，细胞每分裂一次，染色体顶端的端粒酶就缩短一次，当端粒酶不能再缩短时，细胞就无法继续分裂了。这时候细胞也就到了普遍认为的分裂100次的极限并开始死亡。因此，端粒酶被科学家们视为“生命时钟”。

科学家们试图破解基因排列中的长生密码

端粒酶是一种神奇的物质。除了人类生殖细胞和部分体细胞外，端粒酶几乎对其他所有细胞都不起作用，但它却能维持癌细胞无限制扩增。走在端粒酶研究前列的美国，正在倾注全力寻找能调控端粒酶产生的基因物质，以便生产出使人长寿的药物。

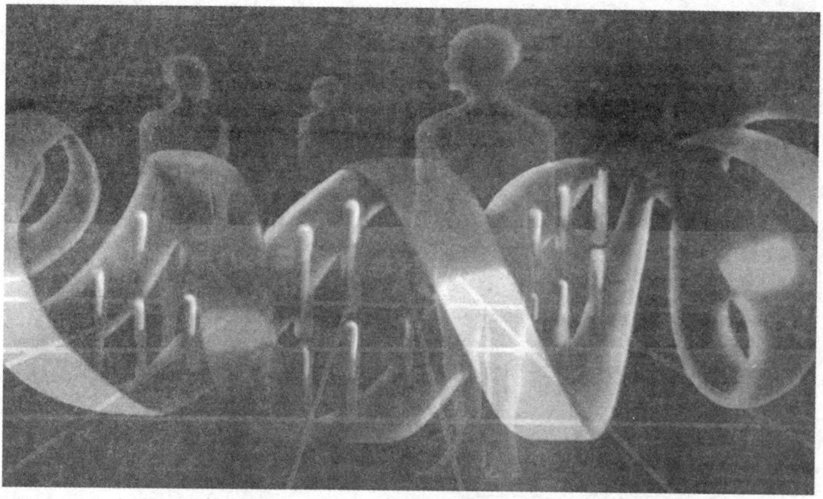
对基因技术的研究是人类探索生命奥秘的又一巨大进步

"死亡激素"

国外科学家们发现，死亡与一种生物自身产生的被称为"死亡激素"的物质有关。生物学家们对雌章鱼为什么会在生儿育女后悄悄地死亡进行了细致研究，结果发现奥秘存在于章鱼眼窝后面的一对腺体上。这对腺体到了一定时候就会分泌出一种化学物质，导致章鱼自身死亡。这种化学物质被称为"死亡激素"。

人类有没有类似章鱼的这种"死亡之腺"呢？经过研究发现人类也是存在的。人类的"死亡之腺"长在人脑之中。人脑内有一个特别重要的腺体——脑垂体，它虽然只有 5 克重，不如蚕豆粒大，却能调节、控制着人的生长发育、生殖及新陈代谢，重要的是它还促使甲状腺分泌甲状腺素。人类一旦缺少甲状腺素，就会感到浑身乏力，也和雌章鱼一样不想吃东西。而且一旦甲状腺素停止分泌，人就会衰竭而死。科学家的研究证明，人的脑垂体也定期释放"死亡激素"。"死亡激素"影响人的生命，会使人走向死亡。

找到了根本，人类延长寿命就有了希望。但是，要延长人类寿命，不可能简单地把脑垂体切除掉，因为这种方法同时也断绝了人类必需的其他各种激素的来源。

左右手的奥秘

在动物世界中，使用左前肢和右前肢的次数是基本相等的。而我们人类，每个人使用左手和右手的次数却相差很多。而且大多数人习惯用右手，习惯使用左手的人，仅占世界人口的6%～12%。

适者生存原理

瑞士的依尔文博士认为，人类的祖先在进化过程中，由于不认识周围的植物，便会误食其中有毒的东西。左撇子的人对植物毒素的耐受力较弱，生存面临威胁，许多都被淘汰了；右撇子耐受力强，并代代相传，于是使用右手的人便占了当今世界人口的绝大多数。实验表明，左撇子的人在服用了神经镇静药物后，都表现出很强烈的大脑反应，出现精神迟缓、学习功能紊乱的症状，有的甚至看上去就像是正在发作的癫痫病患者。

才思敏捷

按照这种理论，左撇子应该是人类中的弱者。但事实上，生活中的左撇子大多是一些才思敏捷的人，特别是在一些需要想象力和空间距离感的职业中，左撇子往往是其中最优秀的。据调查，在美国的一所建筑学院中，29%的教授是左撇子，在准备应考博士和硕士的优秀学生中，左撇子占23%。另外，在乒乓球、击剑、网球、羽毛球等项目的顶尖运动员中，左撇子的选手也相当多。

性格遗传之谜

人们常常用“江山易改，本性难移”来形容一个人的性格很难改变。其实，按照一般意义上说，性格是指人对现实的态度和其他习惯的行为方式。

性格与环境

俗话说“龙生九子，子子不同”。在现实生活中，每个人的性格特征都是不同的。有的人对生活充满热情；有的人则得过且过；有的人坚强、勇敢、果断；有的人则犹豫不决、拖泥带水；有的人自信心强，敢于攀登、创造；有的人则无主见、不自信，在困难面前自暴自弃。为什么会出现如此多的不同性格，科学家们正刻苦探索解开人类的性格之谜。

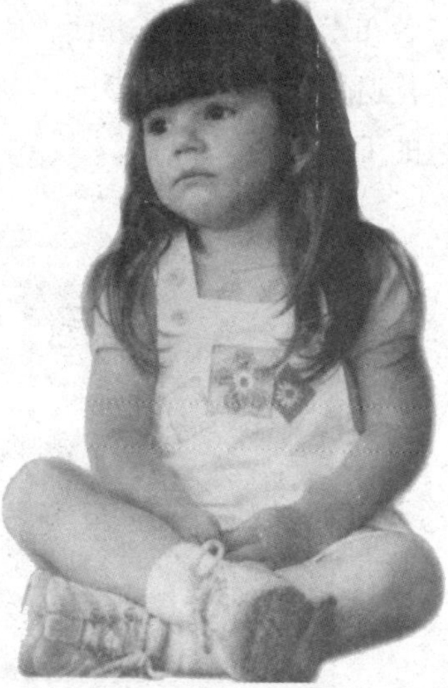

部分研究者认为，人的性格基点基本都是一样的，即“人之初，性本善”，主要是后天社会环境的影响差异很大，才导致人的性格表现不同。确实有一些事件证明，后天环境能够塑造性格。据记载，古埃及有个法老野蛮地将两个新生儿关在地下室，只给他们送食物吃，禁止他们与任何人接触。结果这两个孩子长到十一二岁，除了能简单发出单调的怪叫，什么话也不会说。

一位著名的心理学专家曾说过："给我一些健全的儿童，我或者能使他们成为医生、律师，或者能使他们成为乞丐、盗贼……"研究发现，在婴儿期母爱被剥夺的人，将很难产生自信和信任感；经常挨父母打骂的孩子容易养成撒谎、不够独立、唯唯诺诺的性格，个别的甚至会产生反抗攻击行为；而幼时娇生惯养、放纵、溺爱，可能会养成孩子骄横任性、自私懒惰、意志薄弱的性格。

性格与遗传

还有的研究者认为，越来越多的科学证据表明人的性格特征与遗传基因有关。1996年，美国《自然遗传学》杂志刊登了以色列和美国科学家的发现，称两国科学家找出了影响一个人追求新鲜事物的基因。研究发现，脑部D4DR基因较长的人，在追求新鲜事物方面天赋较好，他们较容易兴奋、善变，性格急躁、冲动，喜欢探险，也比较奢侈。而D4DR基因较短的人，比较喜欢思考，性格拘谨、温和、忠实，恬淡寡欲和节俭。据说，科学家还发现了"聪明基因""自杀基因""移情基因"等等。

更多的科学家认为遗传和环境这两种因素的作用都不是孤立的，二者在影响人的性格方面，应是相互制约又相互联系的。心理遗传学是遗传学中进展最慢的学科，因此，揭开性格遗传的奥秘还有大量的工作要做。

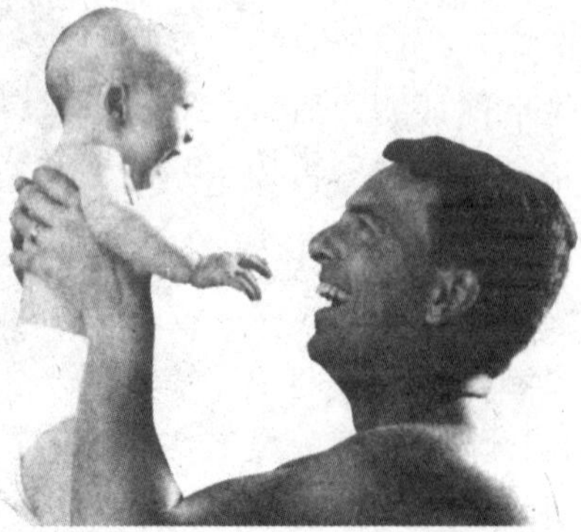

疾病相克之谜

人们常常认为，一个人如果得了一种病后，又得另一种病，往往会使病情加重，闹不好会一命呜呼，但事实上并不完全都是这样，有时同时生病甚至会带来意想不到的效果。

1982 年，在美国的一家医院里，一位身患晚期胃癌的病人，因胃壁受到细菌感染而突发高烧，病人几乎对治疗完全失去了信心，只能无奈地等待死神的降临。然而，令人难以置信的是，没过多长时间，病人的烧退了，炎症也消失了，随后的病理检查表明他的体内已没有癌细胞，他的胃癌就这样奇迹般地痊愈了。

1987 年，法国一位患有低丙种球蛋白血症（一种罕见的免疫系统疾病）的男人，又感染了艾滋病病毒。人们都认为这位不幸的病人，再经受这么一次“雪上加霜”的摧残，等待他的只有死路一条了。可是这位病人在被艾滋病毒感染之后，其病情却日渐好转，最后身体的免疫系统得到恢复。这种疾病相克的奇妙现象已得到医学家们的重视，他们还发现了许多疾病相克的现象。例如：患震颤麻痹（又称“帕金森氏症”）的人不太容易患癌症；镰形细胞贫血症患者不容易得疟疾；急性髓细胞性白血病（血癌）患者，如果后来又感染上病毒性肝炎，其平均寿命反而比没有得病毒性肝炎的白血病患者要长得多；每年患一到数次感冒的人比极少患感冒

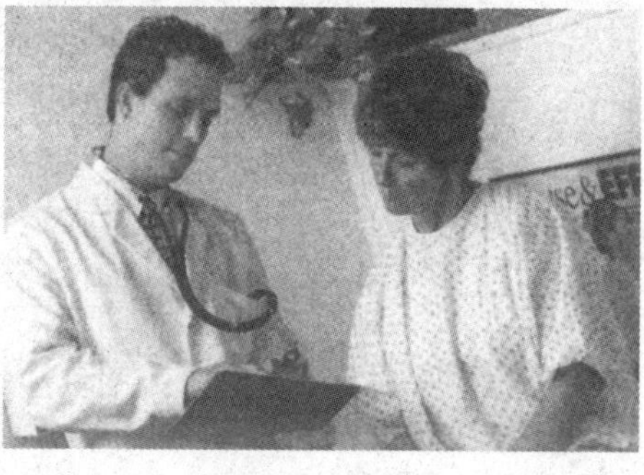

的人更不容易得癌症等等。

疾病之间为什么会相克呢？目前，科学家们对于这一问题还没找出答案。不过，这种奇妙的现象肯定与人体免疫防卫系统有某种关系。例如，对癌症来说，它能抑制人体内的免疫系统，使之一直处于“休克”的状态，然后乘机发展、扩散。要是人体同时感染了两种疾病，就会解除免疫系统的“休克”状态，于是免疫系统就会对癌细胞发起进攻，甚至可能“打败”癌症。平时总是疾病缠身的人，由于其机体不断受到病原体的刺激，充分调动了体内免疫系统的“积极性”，因而寿命反而更长。这种疾病相克的现象，也为治疗疾病，特别是一些顽症、绝症提供了全新的思路。例如，有人从癌症病人发热后，癌症消失的现象中得到启示，创造了“癌症加热疗法”，即用电热褥把癌症病人包裹起来，通电加热，人为地提高病人的体温，以达到杀死体内的癌细胞的目的；也有人曾设想出“生一次小病治一种大病”的治疗方案。我们相信，科学家对疾病相克现象不断深入地研究并最终揭开这个谜团对于人类来说是有巨大好处的。

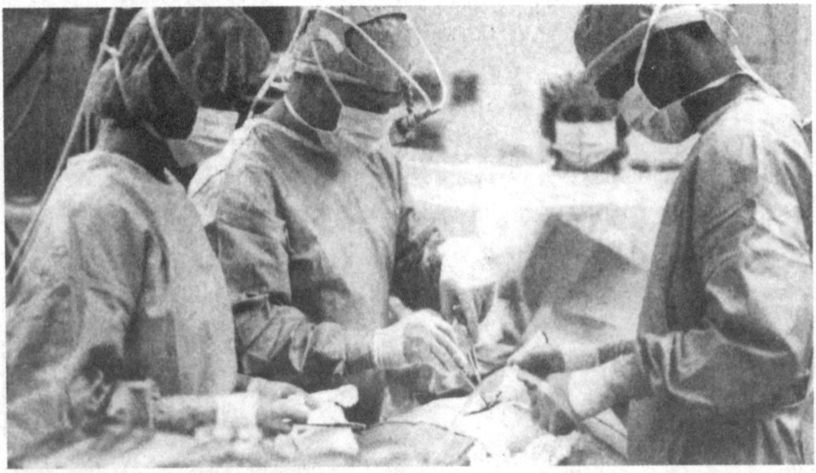

疾病是机体在一定的条件下，受病因损害作用后，因自稳调节紊乱而发生的异常生命活动过程

“鬼打墙”之谜

或许很多人都听说过“鬼打墙”，也有很多人有这样的经历：在夜晚或是迷路时，走了一段路之后又转回原地。民间传说这是鬼怪筑起了一道人看不到的墙，封锁了可以通行的道路，但是科学家的最新研究却从科学的角度进行了解读。

有一种说法要从人类的脚说起。一位日本教授对人的脚进行了长达37年的研究，观察的人数近40万。他发现了许多有趣的现象。如果抓一下刚出生婴儿的脚底，往往在搔右脚底的时候有反应，而左脚底却“无动于衷”。这说明人类的左脚与右脚的机能是有差别的。一般情况下，这种反应差别会在出生约半个月后消失。左脚接触地面的面积比右脚大，男女都一样。由此可见，左脚主要是起支撑全身重量的作用，而右脚是做各种动作的。大多数人以左脚为主轴决定前进方向。人老以后，左脚的作用衰退，所以不易站稳。要是你闭起眼睛，沿着正前方的一条直线走去，那不用走多远，你就可能向左偏移了。

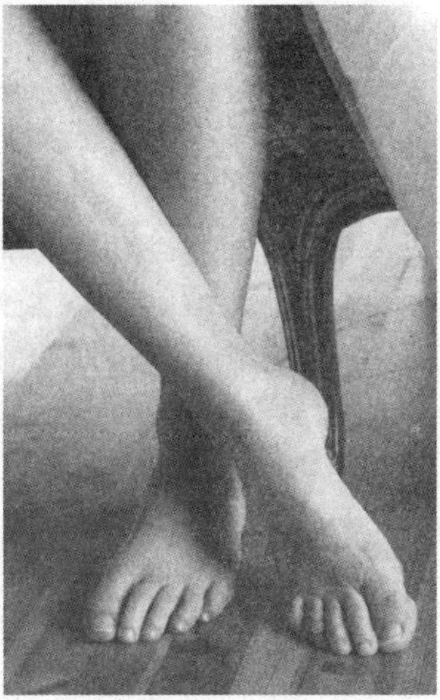

科学家解释，这种“左倾现象”正是造成夜晚迷路者兜圈子的原因。挪威生物学家伽尔德·柏克教授对欧、美、亚洲的许多国家进

行了调查研究，历时 30 多年，最后写出了著名论文《动物的行动是由兜圈子为基础的》。他认为，在通常情况下，人走路时会保持直线的方向，但这主要是头脑和眼睛的功劳。如果仅就双腿来说，因为一般人的右侧腿脚肌肉总是较左侧发达，右脚跨步大于左脚，所以不知不觉地就向左转了。这样，人在黑夜看不到目标时，就可能兜起圈子来。

还有一种说法也值得人们关注：造成“鬼打墙”现象的是一种在生物学中特别有趣的现象——圆周现象。有科学家解释，圆周运动是生命的本源运动。有人曾做过一项试验，将鸟的双眼蒙住让它飞翔，结果它的飞翔轨迹近似圆周曲线。科学家发现，昆虫的翅膀并不是一样长的，人类的左右脚也是不等长的。所以人类的每只脚接触地面的着力点和力都是不同的，那么人迈左脚和右脚的步长也是不相等的，人会习惯性地倾向于一方，这就有了倾斜的圆周向心力。如果空间够大，并且在没有参照物的情况下，足迹不自觉地也会呈现圆周曲线。

其实在很早的时候，我国的方士道士就已经知晓了其中的奥妙，许多帝王陵墓中的设计就很好地运用了这些原理，比较著名的有——“悬魂梯”利用 23 步的数学原理制造，造成盗墓贼怎么也走不出去的怪圈。还有的设计会在墙壁上涂抹吸收或反射光的涂料造成人的视觉错觉。但古人并不知晓其中的原理，只能借助鬼怪之说来解释。

关于“鬼打墙”的说法如今还没有统一的说法，但可以肯定的是，世界上绝没有鬼神，至于那些如今无法解释的现象，人们只能依靠科学的发展来给予正确的答案。

法国圣女肉身为何百年不腐

无论你是王公显贵，还是平民百姓，死后都无法逃脱尸体腐烂的命运。然而出人意料的是，圣女贝尔纳黛特在 35 岁逝世后，至今她的遗体都没有腐烂，而是如同活人一样有弹性。她成为“不朽之身”，成功地逃脱了肉身腐坏的自然规律。

贝尔纳黛特不朽的遗体

国际知名遗体修复与保存专家杰奎琳每当谈起贝尔纳戴特不朽的遗体时，就会表现出一种淡淡的惊讶，更多的是对于那种神奇现象的一种深深的着迷。她曾在回忆中说在她对所有不朽之身的研究过程中，最让她着迷的是圣女贝尔纳黛特，她的遗体保存得非常完好。

去世已经 140 多年的圣女贝尔纳黛特安静地躺在法国的讷韦尔的玻璃棺内，她的容颜依旧，风华依然，仿佛只是安静地睡着了，似乎一不小心发出声响就能将她吵醒。贝尔纳黛特离世时年仅 35 岁，安葬于 1879 年。天主教会在封她为圣徒前曾三次挖掘她的遗体进行检查。很多神父、医生，以及德高望重的人们目睹了挖掘的全部过程。贝尔纳黛特的遗体似乎没有丝毫的腐朽，人们惊诧她竟然神奇地摆脱了自然规

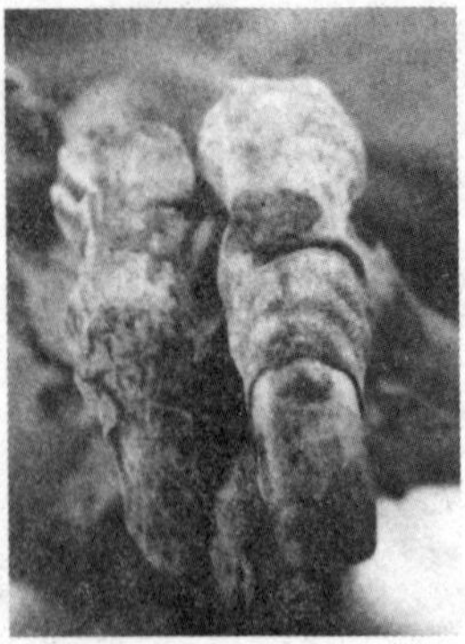

律对肉身腐坏的控制。

圣人贝尔纳黛特

《北京科技报》曾报道，贝尔纳黛特 14 岁时，初次梦见了圣母马利亚。后来她无数次梦见圣母。没过多久，她便离开家，进入讷韦尔修道院，如今她的遗体就存放在那里。虽然性格温顺的她总是体弱多病，但不知为何，她却使周围的人们感受到莫名的鼓舞。所有认识贝尔纳黛特的人在天主教会正式封她为圣徒之前都认为她是一个圣人。

遗体不朽之谜

天主教会曾经三次挖掘她的遗体进行检查，经过了一百多年，她的遗体原本应该只存留着骨骼。然而，出人意料的是，圣女贝尔纳黛特每次的出土记录都显示她的遗体保存非常完好，她的皮肤依然紧致，面貌依然动人，俨然沉睡中的女子。虽然她手中捻握的念珠已然锈迹斑斑，人们在惊诧的同时感到非常匪夷所思。

意大利特异现象调查委员会成员保罗·波契提认为贝尔纳戴特的遗体可能被信徒暗地里做过防腐处理，所以她的遗体能够在百年之后依然完好。我们知道，埋葬的环境会影响遗体的腐朽速度，湿热的环境会加快尸体腐烂。然而，并不是所有不朽的遗体都经过防腐处理，也并非所有的遗体都埋葬在稳定的环境中。科学家们孜孜不倦地探究着谜团背后的谜底，而圣女依然安静地躺在金边玻璃棺内，未知的秘密依然掩藏在她庄严的微笑背后。她的微笑已然持续了 140 多年。她的遗体连接着曾经和如今，她是温和与谦恭的模范。她的秘密要远胜于眼睛看到的完好相貌。

三次的挖掘报告都提到，圣女的遗体保存得非常完好，具体是这样描述的："交错搭在胸前的双手非常细腻、完美。""没有丝毫尸体腐烂的气味。""她美丽的双手捻着一串锈迹斑斑的念珠，她胸口的十字架上也布满了斑斑铜锈。"十字架项链上既然有铜锈，就说明空气和湿气进入了棺木。既然念珠和十字架都生锈了，为什么单单遗体未腐烂呢？

圣女贝尔纳黛特美丽而不朽的遗容使无数人坚定了自己的信仰。她的遗体历久而不朽被视为奇迹。天主教会在第三次挖出她的遗体时，一个医生在报告中记录圣女贝尔纳黛特的骨架保存得十分完好，肌肉结实而富有弹性，肝脏柔软并且软硬程度基本正常。那个医生疑虑重重，他说这样的情况似乎并非自然现象。因为按照科学规律来说，人的心跳一旦停止跳动，血液也会随之停滞，体内的细胞会由于缺氧而马上死亡。外部的环境会在很大程度上影响尸体的腐烂速度。腐坏的尸体一般会变成绿色，散发的某种物质和气体会使皮肤变得浮肿、膨胀、起泡，这种现象一般都是从腹部开始的。短短几周时间，毛发和指甲就会脱落。一个月之后，身体组织逐渐液化。一年后，尸体通常只剩下骨架与牙齿，仅仅少数细胞组织还依附在骨架上。那么，贝尔纳黛特的现象该怎么解释呢？杰奎琳认为，这也许是遗体在分解过程中出现的一种"皂化"现象，也就是身体的脂肪变成"尸蜡"，它是一种蜡一样的黏稠物质，能够保护身体，使身体腐烂速度变慢甚至不朽。所以，贝尔纳黛特的遗体不朽很有可能是"皂化"现象引起的。然而，这也仅仅是一种猜测，事实的真相究竟如何，还有待于进一步探索和论证。

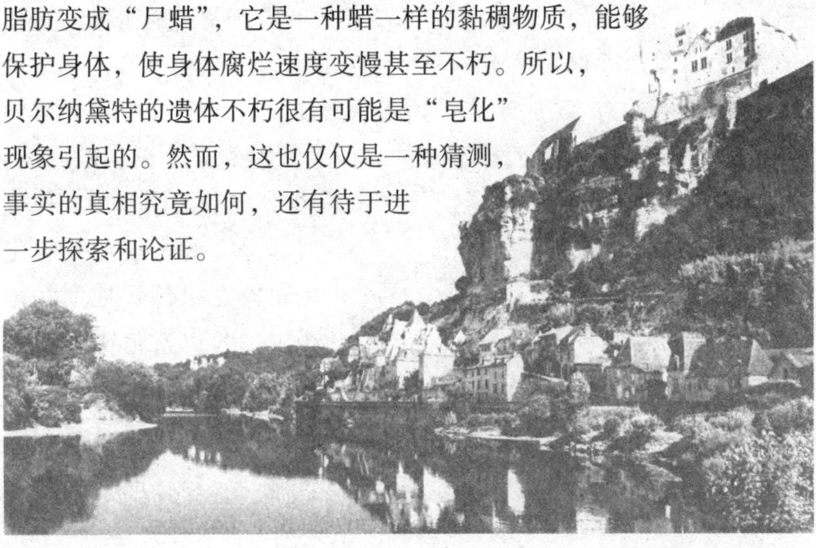

人体自燃之谜

干柴、汽油等物在高温条件下可能自燃，而含水分九成以上的人也能自燃吗？大千世界中，确实有这样的事例。

自燃的老医生

这天早晨，寒风凛冽，在美国宾夕法尼亚州戈德斯堡特县城里发生了一件奇怪而又可怕的事。这一天，煤气站的戈斯尼尔来到当地最有声望的老医生约翰·艾·本特莱家。奇怪的是，他喊了好几声，屋里都没有人回应。戈斯尼尔推开虚掩的房门，只见房间里弥漫着一种淡蓝色的烟雾。地板上有一小堆圆锥形的灰，大约有35厘米高，抬头一看，天花板上有一个烧焦的洞，原来灰就是从那上面掉下来的。他赶忙跑到楼上医生的房间，只见这里的蓝烟更浓。戈斯尼尔连忙把头探到隔壁的浴室中，他顿

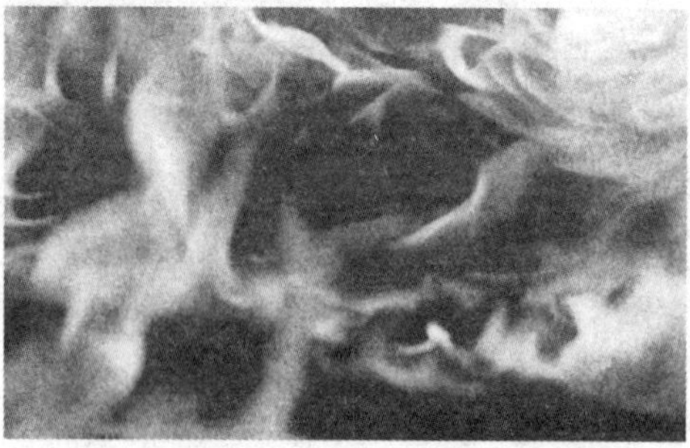

时惊呆了——本特莱医生的轮椅歪歪扭扭地倒在地板上。旁边就是医生身体唯一残存的部位——已经被烧成深褐色并且只剩下半截的右腿，但鞋仍然完好无损。

难解的谜团

戈斯尼尔见到的是一种非同一般的可怕现象：人体自燃。这种现象一旦发生，人体就会被烧得收缩起来，甚至有时会在瞬间化为灰烬。人体自燃现象是十分罕见的，而且是不可预知的。验尸官对本特莱医生的尸体进行了深入细致的研究，发现了一系列无法解释的问题。如果假定是医生吸烟时无意中点燃了浴袍，然后他穿着这件着了火的衣服走进浴室，造成了火灾，那么，一件浴衣的燃烧怎么能产生那样高的温度，把人体烧到无法辨认的程度呢？而且，房门关得这么严，怎么会有这么多的氧气呢？为什么戈斯尼尔进屋时闻到的不是皮肉烧焦的气味，而是那种怪异的蓝烟味？

有不少资料显示：人体自燃现象在各国都屡有发生。但从目前的科学技术发展水平来看，人类还没有办法对它进行有效的预防。

双胞胎城谜团

对于一般人来说，生育双胞胎并不奇怪，然而整个城市、村落中双胞胎的诞生概率极高，这种现象就令人十分惊叹了。究竟缘何于此？人们不得而知。

令人不解的双胞胎城

俄罗斯的基洛夫市有着“双胞胎城”的美誉。那里的双胞胎婴儿诞生概率非常高，而且，在近年来，基洛夫市又增添了很多对双胞胎，甚至是多胞胎。但是长久以来，这种生育现象令科学家们迷惑不解，都不知道该怎样来解释这种奇怪的现象。

其实，基洛夫市并不是世界上唯一的“双胞胎城”，还有一座著名的“双胞胎工厂”位于尼日利亚距离伊巴丹不远的小镇伊格博奥拉。美国的俄亥俄州也有一个小镇被称为“孪生子城”。我国的广东省大埔县上木村也是一个双胞胎诞生概率非常高的村庄。

双胞胎疑团

究竟是什么原因使这些地方成为双胞胎城或双胞胎村的呢？难道那里真的存在神奇的魔力吗？

有人认为，双胞胎城的产生很可能是由于电磁场导致的。但是也有人认为基洛夫市双胞胎或多胞胎出生率高的现象只是一个巧合而已，这种说法很显然是没有对该市进行细致的调查。

据医学调查统计显示，平均每100个人中就会产生一对双胞胎，而产生三胞胎的几率却很小，大约平均1万个人当中才会有一对三胞胎。然而，当你身处基洛夫市，就会对这一数据产生怀疑。基洛夫市总人口数量约为50万，但双胞胎或三胞胎在这里却随处可见。

基洛夫医学院教授亚历山大·科塞克推断说：“很可能是某种电场对基洛夫如此高的双胞胎出生率有影响，任何生物细胞都有自己的电荷和极性，这也就是这个地区强烈的电磁场可能在某种程度上影响遗传进程的原因。然而，我们目前还不能对这一现象得出任何明确的结论。”如今，基洛夫医学院已开展多项试验，研究生物场和电磁场在细胞减数分裂过程中对细胞分裂自然进程所产生的影响。由于老鼠与人类在某些方面有相似之处，因此科学家们通过对老鼠进行试验，以求得一些深隐其中的科学内涵。

目前来看，科学家们普遍认可的看法是，哺乳动物等级越低，产下双胞胎的概率就越大。如猫、狗、老鼠等都能产下多只幼仔。马、鲸鱼和大象等动物产下多只幼仔的可能性则微乎其微。而对人类来说，生育多胞胎的可能性则更小了。

科学家根据全球范围的统计数据已得出多胞胎出生率高现象的一些因素，如35岁以上的黑皮肤女性生育多胞胎婴儿的可能性最大。然而，科学家们发现，北半球一些夏季持续时间较长的国家（如芬兰、日本北部地区等）多胞胎出生率也非常高，白天时间较长在某种程度上会刺激某种荷尔蒙的分泌。即使不具备生育能力的女性通过治疗也有可能孕育多胞胎。但是，科学家发现这些原因似乎都无法解释基洛夫市的多胞胎现象，从而为该地区的多胞胎现象蒙上了一层神秘的面纱。

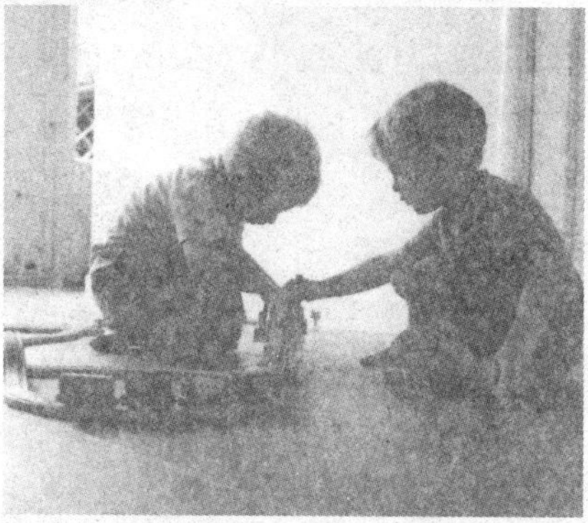

双胞胎成因之谜

迄今为止，广东省上木村成为双胞胎村的原因也没有最好的解释。更为有趣的是，有的村民两胎双胞胎生下的都是“龙凤”或“双凤”。在那里，双胞胎就像艳丽多姿的奇葩盛开在小小的山沟里。

上木村的地理风光奇特，青山环抱着一个4.5平方千米的小村落，清澈的溪流从海拔1200多米的西岩山上流经该村，山上栽种着果树，山下是水田池塘，共同构成一幅奇妙的乡村风景图。该村的百姓以种植水稻为主，西岩高山山泉为他们提供了天然的饮用水，人与自然的和谐在这里得到了良好的体现。经当地相关部门调查显示，该村现有双胞胎11对，其中，龙凤胎4对，双龙胎5对，双凤胎2对。年龄最大的为51岁。年龄最小的仅有5岁。

从外形特征上看，这11对双胞胎中共有7对同性双胞胎，有的身高、体形、五官等外貌特征非常相似，有的却截然不同。

从智力特征上分析来看，这些双胞胎都具备了相同的“先天”因素。由于他们都出生在同一个地域，在同样的环境中成长，所以“后天”的条件几乎完全一致，因此，他们的智力发育初期处于“同步”的状态，并没有明显的差别。

从性格上看，双胞胎从出生直至成年，所接受的家庭教育、学校教育等都有着相近或相似之处，所以反差并不明显。

据调查显示，上木村的外嫁女子所生育的后代并不是双胞胎，有村民向记者透露：这种情况很可能是双胞胎与该村的自然环境、水质密切相关，但一直未能得到确实的考证。

在我国民间，生育双胞胎一般被视为一种兴盛、吉祥的象征，但究竟是什么原因使得上木村拥有这样美好的征兆，至今仍是个难以解开的谜。

人类真的能冬眠吗

我们都知道，自然界中有很多的动物为了越过寒冷的冬季，他们都会冬眠。但世界之大，无奇不有，你听说过会冬眠的人吗?

神秘的冬眠人

61 岁的陈鹏程是土生土长的福建龙津村人，他回忆说，自己生平从没去过什么远地方，最远也只不过到过漳州。他说自己一辈子也没有做过什么特别的事情，做得最多的事情大概就是睡觉了。陈鹏程每年一觉下来就会睡上几个月，并且这种状态已经持续了十多年了。除了睡觉之外，抽烟是陈鹏程的另一大嗜好。

陈鹏程至今仍然是孑然一身，还没有娶妻生子，因为他的大部分时间一直是在早些年间父母留下的几间破败老房子里睡觉。如今身边没有一个亲人陪伴，唯一的亲人就是住在 15 千米以外的哥哥。虽说仅是区区的 15 千米，但由于山路崎岖，交通不便，陈鹏程和哥哥也极少往来。

陈鹏程依稀记得，第一次“冬眠”时，母亲还未过世，但具体是哪年他现在已经记不清了。他说：“当时只觉得很累，浑身无力，很想睡觉，倒头便呼呼大睡起来。”没想到，他一觉醒来，母亲就告诉他，他这一觉睡得太长了，怎么叫他也

叫不醒。

他每一次“冬眠”持续的时间，没什么规律。据他回忆，有时候可能是十来天，有时候也可能是两三个月。2002年的“冬眠”发生在农历九月中旬，那时晚稻还没收割。陈鹏程回忆说，那个时候，他同样是感到很累，没力气再去田里劳动了，就待在家里昏昏欲睡，困得实在忍受不住的时候，他便躺下开始呼呼大睡，没想到这一睡，竟消磨了他近四个月的时间……

动物的冬眠

从以上的这个事例，不禁让我们产生了这样的一个疑问：人到底能不能冬眠呢？要弄清楚这个问题，我们先从动物的冬眠入手，看能否找到一些关于冬眠现象的线索。

某些动物进行冬眠，是它们为了抵御寒冷、维持生命延续的特有本领。冬眠的时候，它们几个月不吃不喝，也不会饿死。

有冬眠习性的动物每年有4个月至6个月的时间是在冬眠的状态下度过的。它们冬眠的时间是处在接近死亡的状态下进行的。比如地松鼠在冬季开始时，就会选择一个弯曲的地方，挖一个和自己身体一样大小的“冬宫”，然后身子缩成一团，体温从正常的36℃慢慢降到2℃左右，3小时~4小时后，心跳也由350下/分减至2下/分至4下/分。

动物们神秘的冬眠本领让我们啧啧称奇，例如有超级“冬眠家”之称的旱獭，冬眠时它们会在土中挖出一个洞窟作为寝室，洞窟犹如一条长廊，可以容纳十几头冬眠的旱獭。

动物冬眠与它自身的特点以及生存环境有关，比如某些鼠类，它们在冬眠过程中不吃不喝，代谢极其缓慢，后来，科学家认为动物冬眠可能是因为它们体内存在的某种物质在起着生理调控作用。

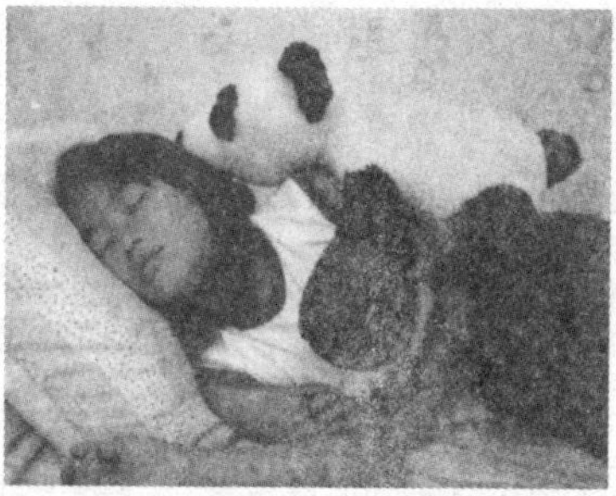

经过不断的研究，现在已经发现一种叫作“冬眠激素”的物质，这种物质比蛋白质要小，是一种含有9个氨基酸的肽类，对冬眠起着主要的调控作用。科学家是在冬眠动物的血液里发现这种物质的，这种被称为“冬眠激素”的物质能够诱发动物冬眠。在盛夏，如果把冬眠激素注入黄鼠和蝙蝠身上，这些动物就会有规律地长时间沉睡。后来又在不冬眠的猴子身上做试验，发现猴子竟然也出现典型的冬眠状态，脉搏跳动减少50%，体温也降低了。当冬眠激素的作用减弱后，猴子又逐渐恢复正常。这项发现，对人们了解冬眠的原因起着巨大的推动作用。

药物冬眠

后来，科学家们便设想，如果把一种类似“冬眠激素”的物质注入人体，那么人体会不会产生类似冬眠的状态呢？让人类冬眠，科学家们的方案之一是使用一种叫作“戴德勒”的物质。人们首先把这种物质注入动物体内，来进行一系列的试验。试验表明，即便是在夏天，给松鼠注射这种物质后，它们也会进入冬眠状态，在非冬眠类动物身上也能产生同样的效果。据此，科学家们推断，这种物质能使细胞分裂的速度放慢，细胞其他生理活动的强度都将降低。这就意味着，它很可能也会让人体细胞进入休眠状态。

人要进行冬眠，需要具备一定的条件，比如，是否存在一种物质，或其他自动机制，在一定的时间之后，可以重新启动代谢，使人苏醒，这些还都在研究之中。

低温诱发“冬眠”

1974年4月，美国科学家在南极大陆的冰层中发现了至少冻结了长达1万年之久的细菌。他们在实验室中配制了营养液并提供适宜的温度，经过精心操作，他们惊奇地发现这些细菌竟然复苏了！在低温和冰冻的条件下，细菌为什么没有被冻死反而在一定环境中又复活了呢？低温所造成的这种神秘的“冬眠”现象令科学家们兴奋不已。科学家们在研究中还发现，低温可使活组织的代谢能力显著降低。当外界温度降低到一定程度时，机体的细胞不会衰老，也不会退化，而是处于一种“生机停顿”的状态。冷冻阻止了细胞的分解、衰老和死亡，因此科学家们预言，生命可以在低温条件下通过一定的手段得以永恒“封存”。

1967年1月19日，美国物理学家詹姆斯·贝德福身患癌症，濒临死亡。医生根据他的请求，把他的身体迅速冷却到-196℃，然后装进不锈钢棺材，长久放在-200℃的冰墓里。詹姆斯·贝德福希望将来有了治疗癌症的方法后，再把他解冻，进而治好他的癌症。

然而冰冻和冬眠从实质上说是不一样的，冰冻是完全把机体冻起来，基本是让生命停止在原来的状况，是完全被动的；而冬眠还有一个基本的代谢，具有一定的主动性。

人类冬眠的秘密

让人“冬眠”实际上是一种生理仿生过程，这是一个非常大的学科交叉，我们应该从动物学、生理学、细胞生物学、分子生物学等各个角度同时研究。让人类“冬眠”，还需要与药理学联系起来，比如说我们注射什么样的药物，可以使人产生类似冬眠的特征，这是一个可以实现的大工程，当然，它需要一个相当大的团队共同合作，共同努力。

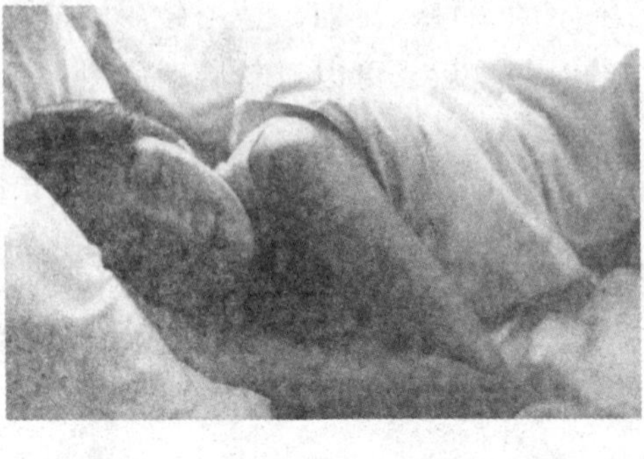

专家们主要研究了翼手目动物——蝙蝠。从代谢的角度，蝙蝠冬眠时的

呼吸及代谢都比正常的时候低几十倍，甚至上百倍，体温也很低。冬眠醒来后，与冬眠前相比，除了体重下降和脂肪减少之外，蝙蝠的身体从本质上没有大的变化。“冬眠人”陈鹏程的出现，为科学家们研究人类“冬眠”的秘密提供了一个极佳的线索，或许他能帮助科学家们找到一个让人“冬眠”的更有效的方法。

如果科学家发明出让人“冬眠”的方法，那么宇航员就可以在一种“冬眠”的状态中进行为期数月甚至数年的太空旅行，从而减少在太空船上携带的生活必需品。

如果宇航员是处在“冬眠”状态下，对食物的需求将大大减少，同时新陈代谢也将减慢，宇航船将会变得更轻，可以携带更少的燃料。

如果让宇航员在太空船上“冬眠”，可以解决掉诸如心理压力、孤独症等棘手问题。如果宇航员在“冬眠”状态中成功登陆火星，那么将为人类前往太阳系及其他星球，包括为土星铺平道路。尽管太阳系的行星大多是由气体组成的，但人类的宇宙飞船可以登陆在这些气体行星的卫星上面。不过，人类抵达土星将花更长的时间，就目前的科学水平来看，需要在漫漫太空中飞行10年之久。

冬眠可分为入眠、深眠和出眠三个阶段。入眠动物体温开始降低到稳定地接近环境温度的过程，大约需要一到数日

照相不留影的人

在阿尔及利亚以东的提济乌祖省，有一位名叫哈利马·巴德科弗的妇女，她已经七十多岁了。在她所有的证件上都没有贴照片，亲属们的照片中，也没有她的任何留影。这是为什么呢?

胶片上的黑迹

原来她不是不喜欢照相，相反她照过许多相。但是，不知道为什么，她总是拿不到自己的照片。她去问摄影师，摄影师告诉她："底片上没有您的影像。"

后来，阿尔及利亚一些高级摄影师听到这个消息，便专门把她请到城里，拿出最好的相机，挑选最好的胶卷，分别在室内、室外、灯光下、日光下给她照了许多相，而且还让她和别人合了影。

相片底片上的影像是通过感光物质发生化学反应后留下的。这种感光物质对光极为敏感，一般不会发生不留影像的意外

当这些技术高超的摄影师们满怀信心地在暗室里冲洗底片的时候，他们才发现这一切努力都是徒劳的：她的单人照底片上没有留下任何影子，只留下了一块黑迹；她与别人合影的底片，别人的影像清清楚楚，唯独没有她的影像，在她所站的地方，留下的还是一块黑迹!